そうしてサンパギータは神戸にいる

奈良雅美
Nara Masami

金木犀舎

はじめに

フィリピンの国の花はジャスミン。フィリピンの言葉（タガログ語）ではジャスミンを「サンパギータ」という。凛として香り高い小さな白い花、サンパギータに日本で生きるフィリピン女性たちの姿が重なる。

私はこの物語に登場する女性たち一人ひとりを「サンパギータ」と呼びたい。

日本には多様な国や文化をルーツにもつ人々が暮らしている。２０２４年６月時点で、およそ３５８万人の外国籍の人がいる。フィリピン国籍の人はおよ

その28万人余り。そのうち19万人余りが女性と、女性の割合が高くなっている。特に30代以降、女性のほうが同世代の男性よりも多くなり、40代になると7倍ちかく、50代では男性数の9倍も女性のほうが多くなっている。20代以下の男女比は大体同じくらいである。他の国籍の男女比を見てみると、中国やタイなども女性のほうが多いが、フィリピンの場合はあきらかにその差が目立つ。ちなみに2020年国勢調査によると、神戸市内に住むフィリピン人は954人で、うち女性は668人。兵庫県全体では3、957人、うち女性は2、868人にのぼる。

なぜこの世代に女性のほうが多くなっているのだろうか。もちろん仕事のために居住する人（介護や看護、家事労働など）、留学生、技能実習生もいるが、フィリピン女性の場合、国際結婚で日本に暮らすようになった人が多くを占めている。かつて、1980年代から90年代にかけて「興行」（エンターテイナー）の在留資格で、年によっては数万人のフィリピン女性たちが斡旋業者などを通じて来日した。彼女たちの中には、日本人男性と結婚し日本に定住する人もいた。2005年に同在留資格の取得条件が厳しくなったため、その数は翌年には10分の1程度まで激減している。フィリピンなどアジアの女性たちは、1980年代ごろから、人口流出に悩む地方の農業地域などで跡継ぎ男性の妻として迎えられた。いわゆる「アジア人花嫁」である。現在30代後半から50代前半のフィリピン女性が多いのはそうした時代の背景もあった。2022年人口動態調査によると、今でも日本男性と結婚するフィリピン女性は年間2、300人余りにのぼる。

しかし20年、30年と日本に暮らしているにもかかわらず、日常の彼女たちの様子はあまり浮かび上がってきていない。日系ブラジル人やベトナム人の方々のように集住していないというのは理由の一つだが、「エンターテイナー」としてのフィリピン女性といった強い社会的なイメージもあったかもしれない。そして言語の問題もある。長く日本に暮らしていて、日本語の会話はある程度できるものの、日本語の読み書きができない人が少なくない。日本語中心の社会の中で、自分の考えや思いを発することが難しい上、そうした場は彼女たちには少ない。私は、一人の市民として生きるフィリピン女性「サンパギータ」たちの語りを聴き、その言葉を書きとめ、つづり、社会へ伝えたいと思う。

日本はこれからさらに外国の人々を迎え、共に暮らし、社会を作っていくことになるだろう。その中で、長年日本に暮らしてきたフィリピン女性たちの知恵や経験は社会の財産だ。また彼女たち自身も日本の社会の役に立ちたい、支えたいと願っている。そんな「サンパギータ」の思いを、この物語が社会へと橋渡しをしてくれるのではと期待している。


本書に登場する5名の「サンパギータ」たちが語る言語は、基本的に日本語である。英語でも日本語でも語りたい言葉でと言うと、4名は日本語でと希望された。最初に登場する「リザさん」は、最初は英語であったが、半ばで徐々に日本語も混じる語りになった。

日本語は、語り手にとって、母語でも教育を受けた言語でもない、生活の言語である。彼女たちは日々の暮らしの中で習得せざるを得なかった言語の海の中で、自らの気持ちや経験した事柄を表すのにふさわしい言葉を必死で探り、つかみ、つなげ、語ろうとしていた。私は、語り手の横に座り、耳を傾ける。生まれ育った言語ではないからこそ、一つひとつの言葉が意思を宿しているように思う。心の中で浮かんだことを表すために発された言葉が、言語学的に適切でない場合もあるかもしれない。だが、その「誤り」に、私は異なる言語、文化のはざまを渡ろうとする語り手の力強さを感じる。

「ライフヒストリーを語ってほしい」

時間もエネルギーも負担をかけてしまうのに、お願いした方はどなたも快く受け入れてくれた。時には辛い思い出に涙を流させてしまったこともあった。それでも、語ってよかった、聞いてくれてありがとう、本になるのを楽しみに待っている、とおっしゃってくださった。みなさんにはいくら感謝してもしきれない。

また、金木犀舎《きんもくせいしゃ》の浦谷さんは物語が形になるきっかけを私に与えてくれ、構想から4年余り、ずっと共に走ってくださった。浦谷さんがいなければ、語りを残せなかったかもしれない。

最後に登場する「愛さん」は、本書の完成を待たずに、2023年5月に急逝された。先生、サンパギータができたら英語に翻訳しましょう、私が訳します、とおっしゃってくださったのに、それが叶わなかった。天国の愛さん、お待たせしました、やっとできました、ありがとう。あなたの語りは社会の歴史に残るとともに、人々の励みや勇気になることでしょう。

奈良雅美

目次

Sampaguita 2 サンパギータ❷マユミさん 51

Sampaguita 3 サンパギータ❸けいちゃん 97

Sampaguita 4 サンパギータ❹コラゾンさん 135

Sampaguita 5 サンパギータ❺愛さん 165

装画・Grit Litch

フィリピンMAP
Map of Philippines

▶ 公用語：英語、フィリピン語
▶ 通貨：フィリピン・ペソ（PHP）
1ペソ＝約2.5円（2024年12月現在）

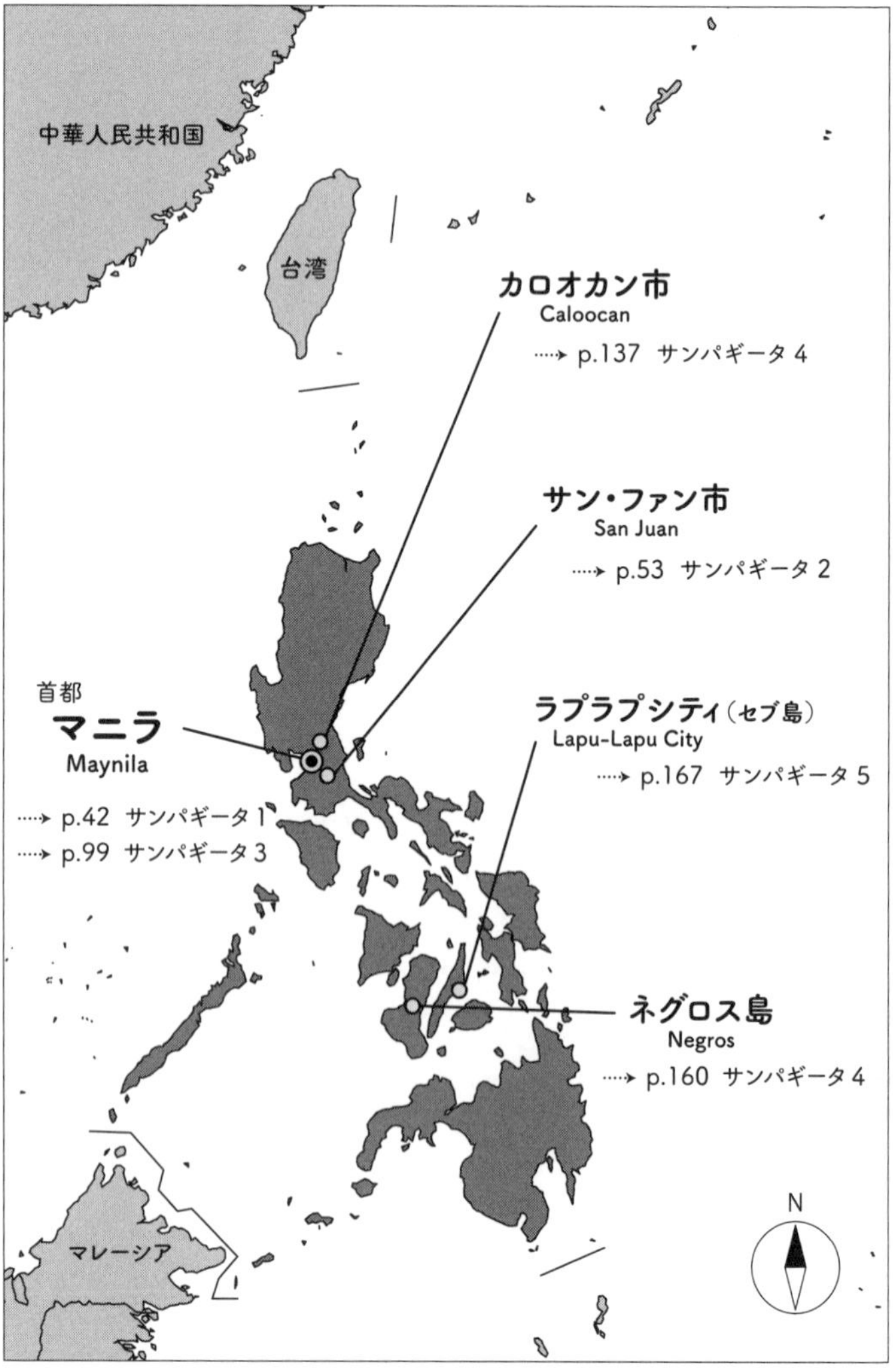

Sampaguita 1

リザさん

リザさんはかつて歌1本で20年間、生活を支えてきた。現在は清掃の仕事をしながら、時折神戸のライブハウスで歌っている。今では生まれ故郷のフィリピンよりも日本での暮らしのほうが長くなった。

私は歌う彼女を見たことがなかったが、たまたまインタビュー直前、神戸でライブがあると聞き、彼女の歌を聴きに行った。

30人ほどがつめかけた会場で、彼女はギターをバックにアメリカンポップスから日本の曲、ジャズまでさまざまな曲を披露し、来場者から大きな拍手をもらっていた。彼女の声は低音から高音まで太く伸び、少しハスキーなところが歌に立体感を与えていた。自信に溢れた目線を観客に送り、曲の間には軽妙なトークを客と交わしジョークを飛ばす。ステージ上の彼女は眩しいほどキラキラとしていた。

しかし、インタビューの中ではステージで脚光を浴びるシンガーの側面だけではない、彼女が経験してきたフィリピンと日本の狭間の世界が見えてきた。

大家族の中で

2006年から、初めは「日本人の配偶者」のビザ（在留資格）で、今は「永住」で日本に住んでいます。もっともっと昔のことは、思い出さないと話せないわね。

私は1964年生まれ。両親にとって9番目の子どもです。母は2度目の結婚でした。最初の結婚で母は5人の子どもをもうけ、2回目の結婚でさらに6人の子どもを産みましたが、私の次に生まれた子は生まれてまもなく亡くなりました。

他の家族に比べても、やっぱりきょうだいは多いわね。ほんとうに賑やかな家族でした。よく兄がギターを弾いて、みんなで歌を歌っていました。でも、みんな外国に行って家族はバラバラになってしまった。いちばん上の姉はすぐ結婚してずっと専業主婦でしたが、他の姉妹と兄の一人は海外へ出稼ぎに行きました。きょうだいが多いから、出稼ぎしなきゃしょうがなかったです。1980年代、父と母は10人の子どもを抱えて日々の生活に精いっぱい。母がやりくりに苦労していた。たびたび両親が生活費を巡って喧嘩するのを見ていました。夕食の食卓で、姉の一人がテーブルの自分のお皿を見て「私のはたったこれだけ？」と泣き出したことがあったわ。私は末のほうの子どもだったのでまだ多めにしてもらえたけれど、上の姉たちは我慢させられていましたね。私はお腹いっぱいに食べていました。それが私の子ども時代の日常風景でした。

私は子どものときからリーダーになることが多かったです。教会だけでなく、学校のクラスでは選抜されて合唱グループに入り、ステージで歌いました。タガログ語で「私の国」という意味の歌の『アンバイアンク』とか、フィリピン各地のいろんな地方の歌を歌いましたね。とても楽しかった。体育、音楽、英語、大好きな科目でした。

私は半分男性のキャラクターを持っています。男性と女性と半々の性格だと思います。自分にも人にも厳しかったりしますね。白黒はっきりつけたいタイプだと思います。私は決して完璧な人間じゃないけれど、無駄は好きじゃない。そして何に対してもトラスト（嘘をつかないこと、正直であること）を重視している。友だちとの関係だけじゃなく、お金についても、仕事についても。曲がっていることがきらいだし、言い訳も好きじゃない。あまりにストレートにモノを言うのできょうだいたちは怖がっています。ただ私はきょうだいでいちばん上ではないので、全員に支配的な振る舞いをしてはいません。

父も母もしつけには厳しい人でした。子どもが悪いことをすると、厳しい態度を見せていました。甘やかさない。あるとき母が私に何かのことについて注意したときに私が無視したことがありました。母は父にそれを言いつけ、父が窓のつっかえ棒にしてあった木で私の足をぶったことがありました。制服のスカートが破れるほどでした。きょうだいみんな、言うことをきかなければ父や母に厳しく怒られましたね。ルール、規則、両親の言うことには従うように、しつけられてきました。学校が終わったらすぐ帰る、出歩かないなど。だから私も、自分にも人にも厳しいのだと思います。ただ、人に声をかけるときはキツくならないように言葉を選ぶようにはしています。

歌手になりたい

ジャズは「グレートブルー」（神戸にあるライブハウス）で何度か歌いました。特に去年と今年（2020年、2021年）に集中して練習しました。実は先生について習ったことはありません。高校生のときからずっと一人で勉強しています。

歌が好きになったのは、家族で音楽に親しんでいたのもあるけれど、小さなころから教会で歌っていたというのもあります。クワイヤ（教会の合唱隊）に入って聖歌を歌っていました。

本当に音楽、歌が好きで、歌手になりたいと思っていました。

17歳のときフィリピンのテレビ番組のカラオケコンテストに出場したんです。「Student Canteen」というバラエティ番組です。オーディションに合格してテレビに出演することができました。オーディションで歌った曲は今でも覚えていますよ。メリッサ・マンチェスター（アメリカのシンガーソングライター）の『Through the Eyes of Love』でした。そのときは私よりもうまい人がいてね、残念ながら優勝できませんでした。

大学2年生に進級する直前、きょうだいが多くて両親が私の学費を支払えなくなったため、私は大学をあきらめて退学しました。でも、またお金を貯めたら復学するつもりでした。私はオーストラリア人の経営する「スワグマンホテル」のバーで、シンガーのキャリアをスタートさせました。同系列のホテルが他に二つあり、それらを含めた3カ所のホテルのバーをローテーションしながら、バンドと一緒に仕事をしました。

実は、このホテルでの歌の仕事の前に、日本に歌の仕事へ行くためのオーディションも受けていました。でもそのときは、ビザが出なくて行けなかったのです。アンラッキーでしたね。ホテルでの歌の仕事だけでは収入が乏しかったので、昼間はデパートで店員の仕事もしていました。

ホテルで働きはじめてしばらくすると、あるエージェンシーのマネジャーが私を訪ねてきて、オーディションを受けてみないかと誘ってくれたんです。マネジャーはフィリピン人でしたが、プロモーターは日本人でした。プロモーターはフィリピン人のタレントが欲しいときには、フィリピンのエージェンシーに依頼してタレントを探してもらう、そういう仕組みでした。

私はチャンスが訪れたと思いました。19歳のときでした。でも、父は私のことを心配して、最初はなかなか日本へ行くことを認めてくれませんでした。私は十分大人で、働くことができる、お金を稼がなければいけないからと父を説得しました。このときは興行ビザ（タレントビザ）を得ることができ、日本に行けることになりました。

シンガーとしてすでに日本とフィリピンを行ったり来たりしていた友だちから話を聞いていたこともあり、不安はあまりありませんでした。彼女に日本語の歌の歌詞をもらって、日本語の勉強をしていました。また、私の姉のグロリアも日本にタレントとして仕事で行っていました。グロリアが時折持って帰ってくるお土産に、私は胸が高鳴りました。キティちゃんのキャラクターグッズ、チョコレートやスナックなどのお菓子、かわいいものでいっぱいでした。なんてかわいいんだろう、日本に行って私も買いたい、と思いました。歌を歌って仕事をしたいと思ったのももちろんあるけれど、かわいいモノの文化の日本への強い憧れがありましたね。

シンガーとして日本へ

日本で大好きな歌の仕事ができる！　私はとても興奮していました。日本の空港に降り立つと、すぐにここから移動すると言われ、広がる大都会のビル群を想像していました。ところが電車とフェリーを乗り継ぎ、数時間かけて連れていかれた先は、さびしい海辺の街でした。

「ここはどこですか？」

「おきのしまだよ」

日本はビザ発給が厳しく、一緒にオーディションを受けたバンドのメンバーにはビザが下りませんでした。彼らと一緒に行けると思ったのに悲しかった。仕方なく私はソロシンガーになりました。当時はフィリピンから日本へどんどんシンガーが入ってきていた時代で、東京エリアに入るのは難しくなっていました。けれど、地方での仕事ならビザが出やすいという事情がありました。

来日して初めての仕事場になった隠岐島（島根県）の店は、とても小さかった。伴奏は生演奏ではなくて、カラオケでした。お客さんは、私がよく歌っていた新しい英語の曲は全然知りませんでした。プロモーターは私に、お客さんの好みに合わせて、古い日本の曲を歌うように言いました。私は日本語の歌を勉強し、歌詞を必死に覚えました。ほとんどがデュエットの曲でした。お客さんが好んだからです。

来日前は大きなステージで歌えると期待していました。日本に来たことがなかったから、まさかこんなものだとは想像していなかったのです。最初はとてもがっかりしました。でも仕事だと割り切って、頑張ることにしました。

当初は私の他にフィリピン人はいませんでした。ひとりぼっちの生活。店のママさんとも英語が通じませんでした。どうやって人とコミュニケーションを取ったらいいのか困りました。そこで私は日本語の辞書やＣＤ、教材を買ってきて、自分で勉強しました。

隠岐島がどんな街かって？　田舎ね、とても田舎。アクセスするには船しかないので、簡単に逃げ出せないですね。お店に来るお客さんは中高年の男性客。漁師とか、多くが海で仕事をする人でした。ネクタイを締めたスーツ姿でやってくる人はほとんどいなかった。彼らは漁の後、お店にやって来て、酒を飲み、歌った。でも、仕事環境にもだんだん慣れてきて、私は気にしなくなった。お客さんはみんな優しかったしね。

こんな話をしてもいいのかしら。バッ・エクスペリエンス（Bad experience）ね。1階は仕事場のスナックで、2階はママの自宅、3階に私の部屋がありました。あるとき、その店の店長――といってもママの息子だけど、夜に彼が私の部屋に忍び込んできたの。下着1枚で。びっくりして、言葉に表せないくらい怖かった。部屋の中を逃げ惑って、大声でママを呼びました。そしたら、彼はあきらめたのか出ていきました。そのときママは私の声に気づかなかったんだけど、翌日も私は黙っていました。今度そんなことをしたらママに言いつけようと思っていたら、2度目はなかった。ただ一人で過ごしている間は本当に怖かった。そのうち、もう一人フィリピン人シンガーがやって来て一緒に住むようになって、ほっとしました。

お客さんは優しかったし、ママもいい人でした。私はママになんでも話せたし、所属していたプロダクションのマネジャーも理解のある人でした。私たちの仕事の契約単位は通常3カ月で、1回だけ更新が可能、最長でも6カ月という契約でした。私は契約期間の6カ月終了まで頑張って仕事しました。

私は隠岐島でとても親切な人に出会いました。「リエコ・ハセガワ」さん。薬局の経営者でした。彼女は大学を卒業していて、英語が話せたので私の言うことをわかってくれました。私たちは友だちになりました。彼女は私にたくさんの日本語を教えました。正しい日本語（標準語）をね。紙に英語と日本語を書いて、コピーを私にくれました。彼女は私の先生になって、熱心に日本語を教えてくれました。日本に来て初めての経験でした。なんて親切な人なんだろうと思いましたね。私も熱心に日本語を学びました。私は彼女のおかげで、日本をより身近に感じて日本での暮らしが好きになり始めました。言葉が通じなかったら、私の言いたいことを相手に伝えられないし、私の知りたいことを人に尋ねられない。悩みごとがあっても言葉にできないでしょう。言葉は本当に大事ですね。

各地を転々としながら歌い続けて

隠岐島の後も、あちこち行きました。地方ばかり。いつか東京に行けると思っていましたが、結局東京で歌を歌うことはありませんでした。日本で半年仕事をしてフィリピンに少し帰国して、また日本へ。その繰り返しの10数年でしたね。

今思えば、フィリピンから出国する前に、日本で暮らすための研修もなにも受けられなかったのは問題だったと思います。プロモーターはそんなことに一切配慮していなかった。日本に派遣する前に、彼らは日本語研修を提供し、派遣されるフィリピン女性たちが言いたいことをちゃんと言えるように、トラブルになったときに自分で自分のことを守れるように、日本語力をチェックするべきだったと思う。でも彼らはまったく研修をしなかったの。ただ日本に連れてくるだけ。日本にやってくる女性はいっぱいいたけれど、日本についての知識がないまま来日していました。そしていきなり仕事場に放り込まれるの。だから、現場ではせいぜいカタコトの日本語しか習得できないから、丁寧な言葉遣いを知りません。そんなフィリピン女性を見て、私はとても悲しくなります。エージェンシーは日本に行きたい女性たちから手数料を取っておいて、なんの研修も受けさせずに送り込む。ひどい仕組みです。

最初に契約したとき、私の給料は月600ドルでした。来日時の手数料、家賃を引かれていたので最初の6カ月は給料ゼロ。お小遣い程度のお金のみ渡されていました。もしフィリピンにお金を送りたいなら前借りしなければいけません。6カ月後にやっと給料が支払われるという仕組みです。本当の給料は600ドルではないとは思っていました。プロモーター、エージェンシー、マネジャー、彼らが手数料を抜いているんだろうと。彼らの手を経て、私のところに落ちてきたのが600。

ただこういう契約内容であることは、来日前から私は承知していました。父は軍の調査官だったのでこういう契約には詳しいと思い、契約内容については事前に相談していました。だから父も契約内容を了解済みで、契約書のコピーも渡していました。父は私が仕事に行く場所の住所を見て、なんて遠いのだ、と言っていました。東京でも大阪でもない。姉のグロリアは山梨県で仕事をしていましたが、そこからも遠かった。

6カ月の契約終了後、いったんフィリピンに戻りました。そこで1、2カ月過ごしてから、同じエージェンシーと契約してまた日本にやってきました。すぐ再来日するか、しばらく休むかは私の意思に任せられていました。私はすぐにでも働きたかったのです。

次の仕事場は群馬県渋川市の伊香保温泉。旅館の中にあるスナックです。そこも生バンドはなく、やっぱりカラオケでした。この6カ月間、私は旅館の1室で寝起きしました。ここでの生活は毎日温泉に入れたし、快適でしたね。

そのころには日本語の歌もかなり歌えるようになっていました。レパートリーは、そう、50曲ぐらいだったかな。古い曲ばかりです。ラブソング、演歌、ポップス、なんでも歌いました。日本の歌は最初難しかったけれど、メロディがいいですね。当時、お客さんからリクエストが多かったのは、テレサ・テン、石川さゆり、森昌子、美空ひばり、松田聖子。仕事は夕方の5時ごろから始まり、早くて11時か12時ぐらいに終わります。休みは日曜日だけでしたが、たまに日曜日も仕事に呼び出されたりしました。ときどきは友だちと外へ出ることもありましたが、ほとんどどこにも遊びに行きませんでした。

給料は少しずつ上がりました。伊香保温泉での仕事は前の契約より100ドル上がって月700ドル。また次の契約のときには100ドルアップ、というふうに。契約が終了するといったんフィリピンに帰り、またすぐにビザを取得して来日していました。その繰り返しです。

その次は埼玉県浦和市（現さいたま市）へ。そこは大きなクラブで、たくさんのショウダンサーのフィリピン人がいて、彼女たちとは同じ寮に住んでいたのですぐに友だちになりました。ステージは彼女たちのダンスと私の歌とで交互に構成されていました。平日も週末も関係なく、毎晩、夕方5時から翌朝までステージをこなしました。休みは交代でとっていましたね。

そこから、石川県の山中温泉、千葉県市原市、宮城県気仙沼市へと。気仙沼には日本人男性と結婚した友だちが今でも住んでいます。そして秋田県秋田市へ。ここは指名があって、続けて2回契約更新しました。大体どこも仕事場は同じようなもので、ホテルかクラブかカラオケバーかミュージックバーかです。興行ビザでの仕事場は「ステージ」がないと入管に認められませんでした。ステージの高さの確認に入管職員が来ていましたね。あるとき、私が仕事についたお店のステージが認められなかったときがあって、仕事を始めてわずか1、2カ月で別の店に移動させられたことがあります。

それから、福岡市、そして最後は鹿児島県の種子島で仕事をしました。そこが10数年にわたる私のキャリアで最後の契約となりました。

日本でいちばんいい印象の街は、最初に働いた隠岐島ね。人々が温かくて、優しい人にも会えたし。日本語を教えてくれた人にも出会えたから。逆にあまりいいイメージがなかった場所は、ヤクザが出てきたところ、そう福島県だった。クラブのお客さんにヤクザが怒声を浴びせかけて、とても怖かった。私たちが福島に来る直前にフィリピン人ダンサーの殺人事件が起きたのね。そのことと関連があったのかもしれないけれど、ヤクザが店に入ってきて、フィリピン人のダンサーをよこせと怒鳴ったのです。一体なにが起こったのかわからなかった。私は泣き叫びました。フィリピンに帰らせてほしい、って。でも店長は大丈夫だからと言ってなだめました。私は違法に働いていたわけではなかったけれど、中には違法に仕事をしていた人もいました。私はきちんと契約書を交わしていたし、エージェンシーはライセンスを所持していました。だから問題ない、大丈夫と自分に言い聞かせました。

私のタレント人生で問題だったのは、ブッキングだけね。結局、東京で仕事をするチャンスは一度もなかったわ。最初は東京へ行けると期待していたから。でも、プロのシンガーになりたいという夢、それ自体は、日本で叶えることができました。そうね、これからの夢は、レポーターの仕事をすることとレコーディングをすること。実はレコーディングしないかと、フィリピン時代に言われたことがあります。でもちょうどそのときに、日本行きのビザが発給されたところだった。私はレコーディングのオファーは断って、日本に行くことを決めました。振り返ってみると、選択肢があるときは、いつでも日本へ行くことを選んできました。私にとって日本の優先順位は高いんですね。

決意の結婚、あっという間の離婚

種子島の契約のとき、もう興行ビザで仕事に来るのは難しくなるという話が出ていました。エージェンシーも無くなると言われたのです。当時、日本にオーバーステイの外国人が増えて問題になり、入国が厳しく制限されるようになったからでした。

私はどうするか迷っていました。20代のころにボーイフレンドSとの間に生まれた息子カルロもフィリピンにいましたし、Sは当時、私と結婚してアメリカに移住する計画を立てていました。彼はアメリカのグリーンカードを申請し、取得できるまで待っている状態だったのです。

ただ、人間の気持ちはだんだん変わるでしょう。Sにはいっぱい悪い癖がありました。フィリピンだから仕方がないと思うけれど、悪い友だちがいっぱいいました。彼自身、ギャンブルに夢中になったり、プレイボーイだったり、おまけに仕事をしていませんでした。Sとは最初に働いたホテルで知り合いました。シェフの仕事をしていましたが、仕事が続かなかったのです。結局私が稼いでSと子どもを養ってきました。子育てはSがしてくれていましたけどね。

Sがグリーンカードを取得できてアメリカに行くことになったとき、当時3歳になっていた息子も連れていくと言ったんです。私はとても心配でした。でもSは私に黙って息子を連れてアメリカに行ってしまいました。

その後、Sについて悪い噂が耳に入ってきました。新しい彼女ができたとか、その彼女との間に子どもができたとか。私はなにより息子が心配でした。息子はどうなるのか。結局、Sは息子をアメリカにいた私の姉夫婦に預けてしまいました。私にはどうしようもありませんでした。アメリカへ息子を連れ戻しに行くこともできない。それでもいつか息子と一緒に暮らせるようになると信じていました。私の頭の中は貯金、貯金、貯金でいっぱい。少ない給料の中から、お金を少しずつ貯めていきました。ポジティブな思いでしたね。

ちょうどそのころです。福岡で知り合った日本人男性Aさんから求婚されたんです。私は30代、Aさんは40代後半だったかな。私のことを好きだと言ってフィリピンまで追いかけてきた人でした。私は迷いました。Sとの仲は一応続いていましたが、安定して日本で仕事を続けるには、この男性と結婚したほうがいいのではと思ったのです。私を助けるから結婚してほしいと言われ、結局受け入れました。

種子島まで、Aさんが福岡から来てくれました。結婚式もなにもなく、ただ婚姻届にサインをしただけの結婚でした。不安がまったくなかったわけではないけれど、日本で生活できる基盤が必要だと自分に言い聞かせて、覚悟を決めました。

でも、結婚やビザ更新など書類の手続きを全部済ませた後、大きな問題がわかったのです。実はAさんには住むところがなかったのです。彼は実家の両親と同居するつもりだったようですが、実家は周囲が田んぼだらけの田舎でした。そして、仕事もない状態でした。以前は友だちと事業をしていたようですが、うまくいかずに辞めたそうです。私と結婚したときは借金だらけでした。実家の母親から仕送りしてもらってなんとか生活していたのです。大きなショックでした。ちゃんと仕事をしていると思っていました。Aさんはあまりしゃべらない人で、付き合った期間もほとんどありませんでした。よく知らないまま急いで結婚してしまったせいです。結局夫が無職のせいもあって、私の日本人の配偶者等の資格でも在留期間はかろうじて1年延長されただけでした。

こんなはずじゃなかったのにと、とても落ち込みました。当面の住むところすらないんです。日本人男性と結婚したフィリピン人の友だちが「一緒に住んでもいいよ」と言ってくれたので、Aさんと二人で転がり込みました。お金がないので、私はアルバイトを始めました。Aさんに「住む家を探してほしい、仕事をして借金を返してきれいにしてほしい」と訴えましたが、彼は「はい、はい」と曖昧にうなずくだけでした。

Aさんは私が好きではないのかなとか、結婚するのに生活をどうやっていくか考えなかったのかなどと思いましたね。日本の法律を何も知らなかったので、なすすべを知りませんでした。私はずっと泣いていました。

そのころ、神戸に住んでいた姉から、まだ在留期間が残っているんだったら神戸へ仕事しに来たらどう、と誘われたのです。私は、このまま福岡にいてもどうしようもない、まるでフィリピンにいるのと同じだなと落ち込んでいました。男性との関係がうまくいかないのは日本でも同じなんだと。自分はアンラッキーだと思っていました。周りの人にも、私には男性を見る目がないと呆れられました。そこで私は、離婚の手続きをして神戸にやってきました。

すがるように神戸へ

姉は「神戸で新しい出会いがあるかもしれないわよ」と肩を叩きました。落ち込む私を励ましてくれようとしたんだと思います。姉の家は狭かったので、私は、芦屋市の市営住宅で暮らしていたいちばん上の姉の娘、私にとっては姪ですが、彼女のところに住まわせてもらいました。神戸で働いている間はそこにずっといました。

私は姉の知人のミスター・ローリーさんのピアノバーでシンガーとして仕事を始めました。他にもいくつかのバーやスナックのアルバイトを掛け持ちして稼ぎました。離婚後に残っていた在留期間の間になんとかしなければいけません。これがラストチャンスだと思いました。日本で仕事をするのが性に合っていましたし、日本での暮らしが大好きでした。なんとか日本に残りたい、日本で頑張って仕事して貯金していきたい。

そのうち、仕事先のひとつで一人の男性と知り合い、ボーイフレンドになりました。男性はHさんといい、バツイチでした。Hさんから最初は、結婚はできないと言われていました。別れた奥さんとの間に娘が二人いるから、娘たちが納得しないだろうと言うのです。だったら私はフィリピンに帰るしかない。私は在留期間ギリギリまでHさんと一緒に暮らしていましたが、結局フィリピンに帰りました。すると彼は、フィリピンまで電話をかけてきて、「籍を入れるから日本に戻ってきてほしい」と懇願しました。

私のいちばんの目的は日本で安定したビザを取ることでした。興行ビザではなく、確実なビザ（身分に基づくビザ）があれば日本からアメリカに行きやすいからです。私にとってもっとも大きな問題は息子と離れ離れになっていること。その息子に会うために私は日本で安定したビザを得たかったのです。そういう瀬戸際のところでHさんと出会ったのは運命だと思いました。

Hさんはそのとき55歳、私は36歳でしたね、たぶん。彼は小さな建築会社のオーナーでした。今度は条件を厳しく考えました。会社に借金はないこと、前の奥さんがいないこと、彼の娘たちも私と話をして結婚を承諾してくれました。これだったら今度はビザも大丈夫かな、などといろいろ考えて同意したのです。前の結婚とは違う、神様のお引き合わせだから、きっとうまくいくはず、と信じていました。

2度目の破綻

今度こそ、と期待していました。日本人の夫を支え、家事をきちんとこなそうと努力しました。それが自分の役割だと思っていたのです。でもその努力の見返りは夫からの暴力でした。

そういえば、Hさんは前の奥さんとドメスティックバイオレンスが原因で離婚したと聞いていました。まさかと思っていましたが、私も彼から暴力を受けるようになりました。彼はパチンコにのめり込むし、女好きでした。毎夜のようにクラブに出かけて遊んでいました。社長さんだからね、派手に遊ぶのかしらね。

私は責任感を持って主婦業に専念しましたよ。家をきれいにし、料理をして、その傍らで仕事もしました。妻としての勤めを果たしたと思います。でも、彼は私を殴る、蹴る。すぐに腹を立てて、机の上のものを壊す、ガラスを割る。気に食わないことがあると、周りのものを壊していました。私を家から締め出すこともたびたびありました。私はそのたびに警察署に行きました。彼からの暴力、嫌がらせをすべて克明にメモして。何日、何時にどういうことをされたのかをね。あとは、家に知らない女性から電話がかかってきたこともありました。「夫の子どもを妊娠した」と言ってね。

耐えきれず、私は家から逃げました。別居して、離婚したいと言っても、彼は離婚届になかなかサインしてくれなくて、弁護士に相談もしました。結局別居して3年後にやっと離婚することができました。結婚してから7年経っていました。

夫と別れてひとりになったので、夜も安心して眠れます。家で怯えなくていい。好きな料理をして食べることができる。姉妹にも自由に会える。私は自由。Free as a bird. どこへでも行けるの。

苦労ばかりです。でもね、That's a part of my life. それが私の人生。あきらめなかったのは息子とつながり続けることでした。息子がアメリカで元気で暮らしていることが私の支えでした。

私みたいなガイジンは日本で暮らすのは難しいの。日本人との間に生まれた子どもはいないので、日本人の配偶者という立場でなくなったら在留資格を失ってしまい、帰らなくてはならない。でもたまたま私は別居する直前に申請していた永住のビザが認められたので、離婚しても日本で暮らし続けることができました。

でもまだ別の問題を抱えています。フィリピンの自分の家族のことです。私の兄が結腸癌の治療をしていますが、その費用を出しているのです。彼がなんとか病院で治療を受けられるように私たちきょうだいで支援しています。私はいつでもポジティブなの。助け合うことがとても大切だと思っています。私も日本にいる姉も、仕事をしようと思えばできます。でもフィリピンではそんなに簡単ではないですね。だから、私はエクストラジョブをしてお金を作ってフィリピンの家族を支えています。

いろいろ問題にぶち当たるけれど、神様は乗り越えられる試練しか与えないのだから、きっと私は乗り越えられると信じています。

挫けない私の描く将来の夢

日本語の会話はタレントのときに、仕事の中で学びました。お客さんと話したり、クライアントとやり取りしたりするには日本語が必要だったから。私の仕事はコミュニケーションが大事です。ただ、ひらがな、カタカナは読み書きできるようになったけれど、漢字を書くのは難しいわね。神戸で暮らすようになってからは「たかとりコミュニティセンター」(神戸市長田区)で開かれていた日本語教室で勉強しました。今は日本語教室のマサヤンタハナンで勉強しています。今では私の基本的なライフスタイルは日本式、言葉は日本語。言葉はずっと続けて勉強すれば、必ず使えるようになります。地域の日本語教室は無料で開かれているし、日本はどこへでも自由に行けますね。本当は私はいつか学校へ戻って勉強したいと思っているの。今は仕事だけの生活だけれど。たとえ歳をとってもチャンスは開かれていると信じている。カレッジに戻って学位を取ったら、仕事のステイタスも変わると思う。もっと勉強したいわ。

シンガーとしての私は、もっといい歌を歌いたい。私は決して完璧主義ではないけれど、もっと練習して歌いたいです。提示された歌を完璧に暗記し、練習したいんです。本当は歌だけで生計が立てられたらと思いますが、それは難しいです。1ステージでたとえ5千円、1万円をもらえたとしても、定期的にステージがあるわけではないので収入として安定していないでしょう。定職について収入を得るほうが安定していますよね。でも今のやり方がいいのは、自分でマネジメントしているのでエージェンシーにコントロールされることがないの。中抜きをされないですしね。

私には悲しいストーリーが多いけれど、ハッピーストーリーもあるのよ。仕事は充実していて楽しかった。歌って、歌って、歌った。今は清掃の仕事とバーで歌の仕事をしています。私は自由に働くことができるから。家に遅く帰ってもだれも待つ人はいません。そんなライフスタイルに慣れているのよ。今は朝4時に起きて、ビルの清掃の仕事に出かけます。平日毎日3時間半。以前は介護の仕事をしていたけれど、体を壊したので短時間の仕事に変えました。昼間は元気があれば別の仕事もするの。翻訳の仕事とか歌の仕事も。来年はもっと安定した仕事、英語の先生に転職するつもりよ。ベストを尽くしたい。今はコロナで多くの人が仕事を失い、新たな仕事を見つけるのが難しくなっています。日本で暮らしていくために安定が必要なのです。私は次第に歳をとっていきます。だからお金を貯めなきゃいけない、将来のためにね。

ずっと心の支えは息子だった

とても優しい息子なの。離れ離れだったのに、ずっと私が母親でいられたのは息子のおかげだと思います。厳しい状況の中でも、あきらめないという気持ちを強く持ち続けられました。

息子カルロの父親Sは渡米後まもなく、連絡を私によこさなくなりましたが、カルロを預かってくれていた義理の姉（いちばん上の兄の妻）から、カルロの情報をときどき知らせてもらうことができました。カルロとは電話かテレビ電話、手紙だけのやり取りでした。

正直言うと、カルロが私のことを忘れてしまうのではとずっと気になっていて、とても辛かったんです。でも離れていても、ずっとつながり続けていれば、母親として息子を導くことができる、アドバイスもできる。私は絶対息子に会うと固く心に決めました。そのときからスタートだった。日本からアメリカ行きのビザを取得しようと努力しました。当時夫だったHさんは「無理でしょう」と言ったけれど、私は「やってみないとわからない」と思って、申請書類を準備し、領事館で面接も受けました。そしたら10年有効のビザが取れたんです。それで9年ぶりにやっと会いにいけたのよ。そのとき、息子はすでに12歳になっていました。私は37歳でした。困難でいっぱいでしたが、ビザを取得してやっと息子にたどりついたのです。

2度目に会いに行けたのは、彼が高校を卒業したときでした。生活が大変だったので、なかなか頻繁には会いに行けませんでした。それでも息子と再び絆を取り戻すことができ、息子とはいい関係を作ることができました。テレビ電話できるようになってからは、顔を見ながらコミュニケーションできるようになりました。画面越しに二人で泣きながらよく話しましたね。今でも思い出します。幼いころはおもちゃを送ったりしましたし、手紙のやり取りもずっとしていました。母としてできることを精いっぱいしました。

結局父親のSは、カルロを私の義理の姉のところに預けたまま、自分は別の女性と結婚して家庭を持ちました。息子は父にも見放された形になり、私はすごく悲しかった。カルロを育ててくれた義理の姉は、「カルロはとてもいい子よ」と言ってくれていましたが、両親が生きているのにどちらにも養護されていない状態です。周りも心配してくれたけれど、どうにもならなかった。

カルロはいとこたちとともに8人家族の中で育てられました。私はカルロに言い聞かせていました。周りの人の親切に感謝すること、人には敬意をもって接すること、友だちは選ぶこと。この言いつけは、彼の父親のことがあったためです。父親のようになってほしくないと強く思っていましたから。

カルロにはもうひとつ大きな問題がありました。長期滞在できるビザを持たない状態で渡米させられたので、アメリカでは「不法滞在者」になってしまっていました。高校まではＩＤがなくても生活できたけれど、大学へ進学するためにはＳＳＳ（義務兵役サービス）への登録が必要でした。私はカルロに、フィリピンに戻ってフィリピンの大学へ進学するよう勧めました。でも彼はアメリカ育ちでその生活に慣れ親しんでおり、今さらフィリピンへ帰る気持ちはないと言うのです。でもＩＤがないままでは彼の将来はありません。

そこで彼は、自分で解決策を考えたんです。彼には、フィリピン人の両親を持つアメリカで生まれた彼女がいました。彼女と結婚してアメリカの市民権を取得すると言うのです。手続きに時間がかかりましたが、市民権を取得することができました。彼はフィリピンへも日本へも自由に行けるように、ようやくなったのです。

しかし生活が大変だったようです。大学へ進学しましたが、仕事しながらの学業だったので1、2年で辞めました。私は頑張って続けてほしかったけれど、家族の生活を支えなければいけないので仕方がないと思いました。

実は私、長年日本で働いてこつこつ貯めたお金で、マニラに土地を購入したんです。私のためじゃなく息子の将来の安心のためにね。いつか将来、息子がフィリピンに帰国したときのために。私も将来はフィリピンに帰ろうと思っています。息子はフィリピンに帰る気持ちはまだないようですが、もし住まないことになっても土地なら売却して資金に変えることもできます。だから貯金代わりです。私は幸せよ、息子のために夢を持つことができるから。

日本の親は子どもに対して責任を果たそうとします。責任感があると思います。でも日本人とは違って多くのフィリピン人男性は子どもについて無責任です。カルロの父親は息子に対し無責任でした。無責任にも息子を放り出しました。

私は息子には長いこと会えなかったけれど、「あなたのためにずっと日本で働いてきた」と言える。カルロに対しずっと負い目を感じてきた私のことを彼は心配しているようですが、いつも必ず「わかったよマミー。僕は幸せだよ」と私に言ってくれるのです。

私は元気なうちに息子と一緒の時間を過ごしたいのです。でも現実にはそれぞれの生活があるから、私は遠くから応援するしかないね。もし、もし、いつか一緒に住めたらいいな、と思うのだけれど、彼の奥さんがいるから難しいかな。私はほとんど息子と生活したことがないからそう思うのね。でも互いに歩み寄ったらいいんじゃないかなと思います。私はいつでも息子たちを助けてあげたいと思っているから。そう、息子と一緒に住んでみたい。

でもね、私も日本を離れたくないという気持ちもあります。息子がアメリカ暮らしに慣れたのと同じで、私も日本の暮らしがもう染み付いてしまったからです。だから。最初、私にとって日本はただの仕事場だった。ずっと住むつもりはなかったのです。でも日本での暮らしを経験したら、みんな帰りたくないと思います。そういう外国出身の人は多いのではないかしら。安全でしょ、健康保険あるでしょ。安心なのね。頑張れば仕事をいつまでもできます。それはね、どんな仕事もハードですよ。だけど、日本は頑張れば仕事を見つけることができるから。よそに住んだ経験がないから、他の国がどうか知らないけれど。私の知る限りではね。

私の人生は苦労の連続でした。だけどそういう経験をして私は深く考えるようになったし、大人になったと思います。人間関係を深く理解できるようになった。苦労したから、今度はどんなことがきても、どんなチャレンジングな問題がきても平気になる。解決しようと意欲が湧く。強くなったら、大きな問題もやってやろうと思える。日常生活の中にはいろんな変化があって、それに対応していかなくちゃいけない。人生をどうアジャストするか。どのように人に配慮しなければいけないか。経験とは、人生の先生だと思う。

私の歌にもそういう経験が反映されていると思います。いろんな言語の歌を歌うけれど、タガログ語の歌を歌うとやっぱりいちばん自分の中に深く入ってくるから、ときどき涙がでます。日本人のお客さんはタガログ語が理解できないので滅多に歌いませんが、たまにリクエストをもらうこともあります。

日本で苦労するフィリピーナはたくさんいます。だけど、彼女たちを助けてくれるところもたくさんあります。各地のＮＧＯ、日本政府もね。私はこのパンデミックの期間に、日本で暮らすことができてラッキーだと思います。他の国は大変でしょう。

フィリピン社会

私の親類は世界中で暮らしています。甥はドバイで理学療法士の仕事を、別の甥っ子はシアトルで看護師をしているし、私は姉妹たちと同じように日本に住んでいる。なんでフィリピンを離れて暮らしてるかって？　よりよい未来を求めて国を離れたの。フィリピンはいろんな問題があるし、なにより貧困。貧しい人々はより飢えていく。大家族の家は、貧しく、進学もできず、仕事を見つけるのも難しいの。だから。

この30年ほどの間でフィリピンがどんな変化をしてきたかは、私はほとんど知りません。なぜなら、半年間の契約を何十回と繰り返し、フィリピンへ帰国しても一時的な滞在に過ぎませんでしたから。日本ではあちこち仕事で行きましたが、フィリピンはビザの更新のために帰るだけ。だから、フィリピン社会がどうなっているのか、あまり知ることもなかったのです。

それでもはっきり言えるのは、フィリピンでは社会インフラがずいぶん改善したということです。道路、高速道路、空港、病院など、帰るたびに良くなっているのに気づきます。社会保障制度（SSS）もできました。この間のドゥテルテ大統領の政策がよかったのです。とはいえ、生活は苦しい。特に医療費が高い。健康保険制度が整っていないのはシビアな問題です。安心して暮らせない。フィリピンが変わらなければいけない第1のポイントです。私もときどき、フィリピンへ帰ろうかなと思うのですが、健康保険がなかったら安心して働けないと二の足を踏みます。その点、日本は健康保険制度があるので、健康診断も受けられるし、診療を受けられます。フィリピンで病院に緊急搬送されたとき、保証金として5万ペソ（約12万円）の支払いを病院から求められたの。だから、新しい大統領には、フィリピンに信頼できる医療制度と健康保険制度を確立してほしいと思う。

それから学費も大きな負担です。私はフィリピンの姪や甥の学費を助けています。私は両親に学費を払ってもらえず大学を卒業することができなかったから。それは私にとってとても悲しいことだった。彼らはとても賢いの。私は彼らに進学しなさい、と言い続けました。だって私のような思いを彼らには味わわせたくないから。何人助けたかしらね。そう、7人になるかしら。そんなに金額は多くないわ。私だって自分の生活があるしね。他のきょうだいたちも、助けられる余裕があるときに助ける。奨学金制度もあるけれど、条件は厳しかった。非常に高い成績を求められるのでチャレンジしようという意欲を喪失する学生もいます。私たちはそんな中でなんとか足掻《あが》いて生き延びているのです。

たまにフィリピンへ帰ってバスやジプニー（乗合バス）に乗るとどきどきします。慣れていないという感覚です。中には悪い人もいるからね。ひったくりとかね。だから帰国したときは甥に車で送迎してもらっている。でも日本だと安心して公共交通機関を利用できる。そういう感覚ってなんていうのかしらね。

日本社会

もう日本が私の日常ね。空気。逆にフィリピンへ帰ると外国にきた、って気がする。日本社会で馴染んだとも言えるし、未だに「ガイジン」を意識させられることもある。多くは経験しなかったけれど、いじめられることもありました。

半年契約のシンガーとして働いていたとき、工場で働いていたとき、スナックで働いていたときにいじめられた経験があります。泣いたこともあった。日本人のオーナーや、同僚から罵られたり、賃金の支払いで約束を守られなかったりもしました。言われていた額より実際には支払いが少なかったりしたんです。異議を唱えたのですが、通りませんでした。夜の仕事だけでなく日中の仕事でも、嫌がらせをされました。でもね、いじめられるのも仕事の一部だと考えていました。だって日本人だって同じだと思うの。それほどしょっちゅうってことはないわよ。

最近だと昨年のことね。清掃の仕事で、二人の高齢の女性同僚が私の仕事ぶりについてしつこく文句をつけてきたの。ずっと言われ続けたので私は辛くなって、上司に私を異動させてほしいとお願いしました。そして別の建物の担当にしてもらったの。ずっと「がまん」していたのよ。でもがまんできなくなった。泣けてしょうがなかったから。大声を上げて、怒鳴られて。異動した先の建物の担当は、高齢の女性と私の二人だけでした。私は彼女と馬が合い、友だちになりました。合わない人もいるけれど、合う人もいる。それはどこの国の人間かは関係ない。

この間、アメリカから日本に帰ってきたときのPCR検査もトラブルでしたね。アメリカに行くときはPCR検査はいらなかったのだけれど、日本に帰ってくるときは必要でした。帰国3日前までのPCR検査結果を準備する必要があったのですが、アメリカでクリニックに行って検査を受けたけれど結果が届かず、ドライブスルーのPCR検査を受けて結果をメールで送ってもらう方法をとりました。しかし、これも結果が帰国2日前になっても来ないのです。焦りました。あと1日しか余裕がない。そこでオンラインのPCR検査を受けることにしました。1時間後、結果は陰性。証明書をダウンロード、印刷して空港に向かいました。無事に関西国際空港に着いて、チェックインカウンターで書類を提示したら、検査方法が書かれていないので正式な書類ではないから「アメリカに帰りなさい」と言われたんです。私は「失礼やな!」と腹を立てました。実はアメリカでは、鼻の中を拭うタイプの検査が主流で、それ以外はほぼないので証明書に記載されないのです。結局、6日間待機期間を過ごすことになりました。職場には連絡して承諾をもらいました。もし、私が英語を話せずタガログ語だけだったら、とても対応できなかったと思います。中東や香港でメイドとして働いている多くのフィリピン人移住労働者たちは教育レベルが高くないので、どう対応しているのだろうと思います。

COVID-19は移住者、移住労働者にとって本当に厳しい状況ですね。故郷や他国に住む家族に会いたいと思っても、陰性証明を取得するために安くはない検査を受けなければいけない。仕事を失った人、もともと低収入の人にとっては本当に難しいです。

日本は本当にコロナ対策のための制限が厳しい。水際作戦のめんどくさい手続きにうんざりもしましたが、結局これが日本なんだと思います。逆に、それは街がきれいなこととか、安心できる環境につながっていて、今じゃ私にとっては空気のように自然になっています。

ポジティブに生きる

将来の夢はね、レストランを経営したいと思っているの。それからフィリピンから日本に来た人たちに日本語を教える仕事もしたい。日本での経験を他の人に生かしてもらいたいから。日本の文化、言語とか伝えたい。

私はいつも前向きでいられるのが特技かな。どんなに困難な状況になろうと、つねに解決策が見つかるものよ。今日はトラブルでいっぱいでも、明日にはそれを乗り越える方法が見つかる。ストレスと闘う。神様がそういう心構えを与えてくれた。元気でさえいればいい。私は大学を出ていなくても、ガッツがある。どんな仕事だってできる。ホワイトカラーの人だって、どんなプロフェッショナルな仕事についている人だって前向きになれない人もいるでしょう。

この世界、だれかが守ってくれたり、導いてくれたりするわけではない。その場で出会った仲間と知識や経験を共有しながら、生き延びていくしかないの。だから、さまざまな人とのコミュニケーションが大切で、そのためには自分がオープンな心でいる必要がある。すべての人を受け入れる。状況を受け入れる。どんなトラブルに遭うかもわからない、家族とも離れ離れ。それでも、フィリピーノはポジティブなのよ。幸いにも私は日本で暮らしている。日本は本当に平穏です。人々は優しいしね。

Sampaguita 2

マユミさん

おしゃれな布マスクをして、ニコニコと私の前に座った「マユミ」さん。

「名前はどうしましょうか?」と尋ねると、「仮名で『マユミ』でお願いします」と彼女。なぜと聞くと、タガログ語にも「マユミ(mayumi)」という言葉があり「上品な」という意味で、好きな言葉だからと言う。もし女の子が生まれたら、「マユミ」という名前にしようと思っていたそうだ。

マユミさんはとてもリラックスした雰囲気で、話をするのが楽しみだというように語り始めた。

「まんまる」の家族

それはまるでレオナルド・ダ・ヴィンチの壁画「最後の晩餐」のテーブルのようでしたよ。長いテーブルの両側に家族がずらっと並んで食事をしていました。全員で12人もいるものだから、それはもう、とても賑やかで、食べ物を取り合いしながら食べていましたね。私たち家族はとても仲が良かったのです。

私は1971年にリサール州サン・ファン市で生まれました。リサールは、あの19世紀のフィリピンの革命家ホセ・リサール（ホゼ・リザル）から名付けられました。そこは軍隊のキャンプのすぐ外にある街だったので、軍隊の家族が多く住んでいましたね。マミーは私を自宅で出産しました。私は両親にとっては10番目の子どもです。両親には16人の子どもが産まれたけれど、無事に成長したのはそのうちの10人でした。きょうだいは上から、長女ヘレン、長男ジュニア（故人）、次男アーリング、三男ウィリアム（故人）、四男ホセ（故人）、次女グロリア、三女ジョセフィーヌ、五男マヌエル、四女エリザベス、そして五女の私。今、ジョセフィーヌ、エリザベス、私は日本に住んでいます。

当時、フィリピンはマルコス政権下で政治的にも社会経済的にも厳しい時代でした。年20パーセント以上も物価が上昇し、市民の暮らしはとても苦しかったのです。

ダディは、軍隊に勤めていました。安定した職業でしたが、軍隊はそれほど給料が良くなかったため、ダディはタクシードライバーとしてアルバイトもしていたんです。大家族だからいつも生活費が足りませんでした。マミーも家計を助けるために、近くの市場で野菜を売っていました。

あるときは、近所のパン屋さんがオープンするのでオープン記念に「パンデサル」という朝食用のパンが配られると聞き、きょうだいで交代でもらいに行ったりもしました。おかずがなくて、醤油と油をご飯に混ぜて食べたこともありましたね。

私が今でも思い出す家族の風景は楽しい団欒《だんらん》の時間です。毎日、夕食のあと、兄がギターを弾いて姉たちが歌を歌っていました。そしてダディとマミーは、いつも丸く輪になって座る子どもたちの真ん中で踊るんです。家族みんな踊りや歌が大好きでした。どんなに忙しくても、夕食は家族そろってみんなで食べるのが当たり前でした。

うちのダディは他の家のお父さんと比べても、とても家族が好きでした。その証拠に、仕事が終わるとさっさと帰ってくるんですよ。軍隊勤めの同僚にはカードゲームをする人や飲んで帰る人も多かったのですが、ダディは決してそんなことをしませんでした。また、ダディは自分からカードゲームをしようと子どもを誘うこともありませんでした。むしろ、みんなでお話をしたり、歌ったり踊ったりするのが好きでした。

家族で一緒に外へ出かけるとき、いつもダディがまとめてくれました。「みんな一緒に行こう」って、お金はないけれど、自分の子どもたちと一緒にいることが幸せのようでした。

ダディは優しい人でしたが、マミーはすごくわがままでした。ダディが家族で出かけようと言うと、あなたたち行ってきなさい、私は行かない、というタイプでした。ダディはいつも「マミー一緒に行こう、子どもたちがかわいそうだから。一緒に行こう」ってなだめるようにマミーを説得していました。

ダディは朝起きたらコーヒーを淹れて、マミーに持っていくの。マミーは朝早くから庭の世話をしていて、ダディが「マミー、コーヒーが冷めてしまうよ」と言っても「大丈夫。冷めたコーヒー飲んでも死なないわよ」と返すんです。これは毎朝繰り返されるシーンです。

私はマミーよりもダディ派なので、人に甘いところ、優しいところ、子どもを大切にするところはダディに似ています。他のきょうだいと比べても、ダディは私を特に可愛がってくれましたね。私はいちばん下の子どもだからかもしれないね。いちばん上の姉は私よりも20歳くらい上です。一方で、私はマミーの強さも継いでいるみたいです。マミーは自分の弱さを人に見せず、話し上手だったので、商売も上手でした。野菜も売れ残りは出しませんでしたよ。私も母と同じところがあります。今は商売できないけれど、フリマアプリに出品するでしょ。購入希望者とのメッセージのやり取りで、なんて書いたらいいかわからないことは知り合いに電話で聞いて、なんとかして買ってもらえるように努力をします。そういえば、マミーも値引き交渉のとき、他の商品も抱き合わせで買ってもらっていました。あれこれとお得感を持ってもらえるように工夫していましたね。そんなところは私も似ていると思います。

両親の方針で、きょうだいが喧嘩をすると連帯責任をとらされていました。そう、きょうだいみんなで怒られていた。でもとても楽しかった。日本で暮らしている姉とよく子ども時代の話をするのですが、懐かしく、涙が出るほど笑ってしまう話ばかりです。家族の絆ってすごいなと思います。「まんまる」の家族なので、どんなことがあっても、一緒にやろうとしました。

日本が我が家の暮らしを変えた

姉のグロリアが大人になって歌の仕事をするようになり、たびたび日本に行くようになりました。9歳だった私に、ミッキーマウスのバッグやロッテのキャンディー、日本のお米をお土産に買ってきてくれました。初めて食べた日本のお米は美味しかったわ。それから、便箋セットも。日本の便箋セットはいい匂いがして、かわいかったの。食べ物も美味しいし、お菓子も美味しいし。なんて素敵な国だろう、と思っていました。グロリアがいつも練習していた五輪《いつわ》真弓のヒット曲『恋人よ』はカセットテープで何度も聞いて、私も覚えてしまいました。姉がローマ字で書いて暗記しようとしていた歌詞を私も一緒に覚えたんです。

グロリアが日本で仕事をするようになって、私たちの人生が変わりました。前はボロボロだった家が、少しずつ綺麗になったのです。ところどころめくれ上がってボロボロになっていた床がビニールタイルになりました。父は車を買いました。私の靴もサンリオのかわいいものになりました。するとクラスで人気者になり、持っていった手提げ袋もみんなに羨ましがられました。そのうちダディが退職し、マミーも仕事を辞めました。姉は両親に、自分が出資するからビジネスを始めていいよとも言いました。以前がとても貧しかったから、生活の変化を余計に感じました。

小学6年生になると、グロリアが必要なものをすべて用意してくれるようになりました。学費も支払ってくれました。グロリアに連れられて、高級なホテルに泊まったことがありました。日本からのお客さんをマニラに案内するときに、私も連れていってくれたんです。日本のお客さんも優しかったですね。鉄板焼きのレストランに行ったとき、私がおしぼりで顔を拭いたら、姉がそれは手を拭くものだよと注意しました。日本食の食べ方も教えてくれました。姉がいろんなことを私に体験させてくれましたね。家族も大事にしてくれました。きょうだいが好き、きょうだいがいちばんだとよく言っています。

家族の一人が海外に出稼ぎに行くと、フィリピンの家族はお金を自分たちに送ってくれるという期待を持っています。出稼ぎに行くと、たくさんお金を稼げるので、家族がお願いすればお金をくれると思っています。フィリピンの人はみんなそんな感じなのです。海外へ出稼ぎに行っている家族の苦労を知らないんです。だけど、私たち家族の場合は、いつも両親が日本にいるグロリアのことを心配していました。海外に行くと、金儲けにばかり熱心になってしまい人を騙すようなことをするのではと思っていたそうです。でも姉はそんな悪い人にならなかったのでよかったと思います。お金持ちにはならなかったけれど、それでいいんです。人間性を失わなかった、思いやりが残っています。フィリピンらしくていい。

貧困と、学ぶ喜び

ダディは貧しい家計の中でも子どもの教育に熱心でした。特に末っ子の私に、勉強が好きだった自分を投影していたのかもしれません。学びたいという私の背中を押して、勉強を続けることを勧めてくれました。教科書もろくに買い揃えることができないほど苦学しました。でもこの教育によって、私の考え方や行動の基礎が作られました。

フィリピンの当時の学校制度は幼稚園1年、小学校6年、高校4年、大学4年でした。そして、私の小学校から大学までの進学先はダディが全部選びました。それはダディが私のことを大事にしてくれた証だと思っています。どれも私が全然知らない学校だったけれど、勉強が好きな私のことを思って選んでくれたんだと思っています。

私はマミーが46歳のときの子どもで、高齢出産だったので、無事に生まれて育つかわからないと思われていました。幸い大きな問題はなく生まれましたが、体が弱くて小学校低学年のころは学校を休みがちでした。それにいちばん末っ子だからか、泣き虫でした。ところが初潮を迎えたら、身体が元気になり、あまり学校を休まないようになりました。

学校は好きでした。勉強も頑張りましたし、クラブにも参加しました。いろんなコンテストでいい成績を取れるように頑張っていましたね。例えばスペルを覚えるテスト、歴史を覚えるテストなどいろいろありました。クラスで1番を取ることもありました。1年生のときから成績ではライバルだったマイクという男子児童がいましたが、私のほうが欠席が多かったので、総合的な成績ではいつも負けていました。ところが、6年生の卒業のころになって、とうとう私が1位になり、彼が3位になりました。マイクの両親が私のところに来て「おめでとう」と言ってくれました。実は、高校生の終わりごろからマイクは私のボーイフレンドになりました。16歳から22年間付き合いましたね。

私の通った高校は教育大学の附属高校だったので、他の一般的な高校と違いました。授業は先生に教わるというよりも、自分で探求し調べる、ディスカッションする教育でした。周りの子もみんな勉強ができました。もちろん悪い子はいましたよ、いたずらやカンニングする子もいました。私は遠方から通っていたので、通学が大変でした。遅刻寸前のときもしょっちゅうです。

私は高校1年生までボーイスカウトに入って活動していましたが、学生が軍のトレーニングに参加できるプログラムがあったので、2年生になってボーイスカウトを辞めてミリタリートレーニングに参加するようになりました。父が軍人だったというのもあると思いますが、まるでイギリスのようなセレモニーで、格好に惹かれてしまったんです。制服が白と赤でかっこいいのです。ただトレーニングはとても厳しかったです。活動は土曜日で、外の暑い中での訓練は大変でした。歌いながらジョギングして、私は小柄だったので後ろからついていっていました。いろんなトレーニングに参加し、学ぶことができて面白かったです。活動時間以外も、ミリタリートレーニングを受けている生徒は規律を守らなくてはいけませんでした。授業中、椅子は浅くしか腰掛けてはいけない、髪の毛も束ねておかなければならない、など細かなところまで厳しかったですね。ランチの食べ方も決められていました。いわゆる「三角食べ」です。

上下関係の厳しさもあるけれど、よいところもたくさんありました。みんなで同じボトルのドリンクを回し飲みして「カマラデリ（仲間の連帯）」を確かめることもありました。仲間には男性も多かったので、ちょっとドキドキしましたけど。あなたは一人じゃない、仲間だよ、と絆を確かめ合いました。フィリピンは仲間意識が強いと思います。日本とは違いますね。だから、自分の息子にも体験させてあげられたらいいなと思っています。規律を学び、人との信頼関係を築くための学びになります。

教育が私を私にした

「お祈りはなんのためにするの?」と、校舎に落書きされていたことがありました。学生が書いたのでしょう。1980年代、フェルディナンド・マルコス大統領の時代です。若者が批判的な見方をするのは仕方がないと思いました。プロテスト運動(社会運動、抗議活動)をしていた大学生は周りにもたくさんいましたし、私も高校生ですが運動に参加しました。ところが父と母はマルコス派だったので、運動には反対でした。私は新しい時代の子どもだし、新しい教育を受けています。アジが以前は1キロ5ペソだったのに高騰して50ペソになっていました。「インフレで人々の生活が苦しくなっているのにマルコス政府は何をしているのだ!」と私も批判的な思考を持つようになっていました。

両親の考えは私とは違いました。ダディは政治的なことについて考えや意見を持っていましたが、マミーは政治的にどうというよりもイメルダ（マルコス大統領の妻）にすごく憧れていただけでした。「こんな出来事が起きているのよ、マミー、これから時代が変わるの。時代が変わらないとだめになるのよ」と言うと、マミーは「あなたになにがわかるの」と受け止めてくれないのです。だから、毎日のように口論していました。

きょうだいの中で、政治的なことに敏感なのは私だけでした。頭が固いと言われたけれど、そうじゃない、私は高校で学んだからなんです。私は本当のことを知りたかった。これから、この国がどのように変わるか確かめないといけないでしょう。両親、きょうだいとも考え方が違うのは仕方ないですね。

医学部があったから、本当はそのまま高校が附属している大学に行きたかったのです。私は将来病気を治す医師になりたいと思っていました。そこで高校の友だち3人で、医学部に見学に行きました。解剖の様子もとても興味深かったし、ホルマリンの匂いも嫌ではなかったですね。その後、友だちと大学のカフェに行って、いちばん安いクロペック（クラッカーに似たお菓子）を食べました。

友だちはみんな頭が良かったけれど、ときどき一緒に学校をサボることもありました。サボると言っても、ただしゃべるだけです。学校をサボった翌日にテストがあって、サボった友だちはみんな焦っていましたが、私は自宅に帰ってからサボって受けられなかった授業の箇所を自分で勉強してカバーしていたから大丈夫でした。友だちはいつのまに勉強したの、と驚いていました。私はみんなに合わせるところはあるけれど、しなければいけないことをサボるのは嫌でしたから。いつもテストの3日前には復習することにしていました。みんなには「ずるい」って言われましたね。

私の希望とは違い、ダディは高校が附属する大学ではなく、別の大学を選びました。ミリアム大学（女子大）の願書を取り寄せて私に受験させたのです。私の友だちも同じ大学に行くことがわかったので、私はダディに逆らわず、ミリアム大学に入学しました。

ミリアム大学では心理学を勉強したいと思っていたけれど、オリエンテーションでいろんなコースを紹介されたとき、ある先生の話を聞いて気持ちが大きく動きました。その先生の専門は国際学でした。そこで勉強すれば移民のこと、外交のことなどが学べると聞いて、とても興味が湧きました。私の関心をいちばん惹きつけたのは、国際法です。ダイナミックな世界の動きを捉える学問にワクワクしました。毎日世界が動いていて、世界からさまざまな新しい情報が入ってくる勉強は私にピッタリだと思いました。ダディの親戚は弁護士が多かったからダディは私を弁護士にしたかったそうです。でも、私は弁護士にはなりたくありませんでした。弁護士はいろんな証拠を集めて、自分のクライアントのために働きますね。例えば白を黒という判断に導くために論理を組み立てなければならない。そういうのは私の性に合いませんでした。例えば女性がボーイフレンドからレイプされたとき、男性ではなく女性が非難されます。女性は泣いて終わり。男性が悪いことをしているのに、無罪になるなんて世界に私は行きたくなかったのです。国際法は面白かったです。例えば国境問題のこと。主張と主張の対抗など面白く、教科書をよく勉強しました。成績は最高評価の5を獲得しました。

大学時代も金銭的な余裕はなく、なかなか教科書を買えませんでした。グロリアも結婚して歌の仕事を辞めていたし、四男のホセ兄さんはドラッグ中毒で入院して、その費用も家族の負担になっていました。三女のジョセフィーヌ姉さんは日本で仕事をしていましたが、姉たちに頼ってばかりになるのは嫌だったので泣きつきませんでした。たまにジョセフィーヌがお金をくれたときも節約していました。グロリアは「お金がないなら勉強しなくていいわよ」と私に言います。なんとか学業を続けたいけれど、私は教科書を買う300ペソ(当時約1、500円)のお金が捻出できませんでした。教科書もコピーばかりなので困っていました。仕方なく、お姉さんが看護師をしているという友だちに、お金を貸してと頼み込みました。彼女は快く貸してくれましたね。買い物に出かけるから一緒に行こうと言って、さりげなく教科書代金を出してくれたんです。すごくうれしくてね、ろうそくに火を灯してでも勉強しよう。せっかく手に入れた教科書を全部覚えようと思いました。

先生が試験用紙を返すとき、こんなにこの科目が好きなんだね、と言って褒めてくれました。私はお昼ご飯を買うお金もなかったので、午前の授業は出ずに午後から出席していたのです。それでもよい成績だったので先生は驚いたのだと思います。友だちがわいわい賑やかにしていて、誘われてもその輪にはほとんど加われませんでした。セレブの友だちの財布には5万ペソがふつうに入っていたりしましたね。レベルがあまりにも違っていました。クラスメートの自宅に招かれて、冷蔵庫の中を見たときアイスクリームがいっぱいあって、目を輝かせたこともありました。可愛らしく飾られたベッドルームはとても素敵でした。それでも、私はクラスメートにレベルを合わせようと背伸びをすることもしませんでした。

なんとか学費と生活費を自分で捻出しようと、商売を考えました。高校のときには、台湾製のかわいい文具を仕入れてクラスメートに販売しました。大学のときはTシャツを仕入れて売ったり、友人の手作りのドレスを買い入れて販売したりしたこともありました。日本ではそのころ阪神淡路大震災が起こり、被災したジョセフィーヌ姉さんは大変な状況になっていて、頼ることはできなくなっていました。だったら周りにお金を無心するのではなく、自分で稼ごうと決意したのです。

稼いだお金は大事に使いました。外にランチに出かけようと誘われても、行かないようにしていました。先生にも他のクラスメートにも自分が貧しいということを知られないようにしていました。

私はどうやったらお金を稼げるのか、常にビジネスをすることを考えていました。あるとき、学校で遠足があり、バスの手配を自ら手を挙げて担当したことがあります。もちろん、私にバス会社とのコネクションなんかありません。ですが、バス会社に交渉して、安くしてもらうことができ、自分のバス旅行のお金をそこから捻出しました。両親は私がこんなことをしていたとはまったく気づきませんでした。

いつも私には「仕事しなくていいから自分のやりたい勉強をしなさい」というダディ。私はそう思わなくなりました。ダディには感謝していますが、勉強はもういいかな、仕事したいと思いました。せっかく大学を出たので、もっと外の社会のことを知りたいと思っていました。

甥っ子の〝母〟になる

若いときの私にとって、もっとも苦労したことはジョセフィーヌ姉さんの息子を預かって育てたこと。本当は兄夫婦が預かることになっていたんです。でも兄が義姉（兄の妻）に遠慮したのか、やっぱり預かることはできないと急に言い出したんです。日本に出発しようとするジョセフィーヌを見送りに来た、まさにその空港でですよ。私は甥っ子がとてもかわいそうになりました。だれからも見放されているようで。

そのとき私は大学生で、両親はすでにリタイアして遠方に住んでいました。私はジョセフィーヌに学費を助けてもらっていることもあって、甥っ子を預かって育てることにしました。

あるとき、甥っ子が咳喘息《せきぜんそく》で苦しんでいて看病しなければいけなかったけれど、私は試験があって、どうしても大学へ行かなければなりませんでした。母に助けを求めたところ「あなたが二つになればいい」と冷たく返され、来てくれませんでした。私は大学に行きたい、テストを受けたい、と泣いてしまいました。遠くに住んでいたグロリア姉さんに電話をして、来てくれるよう懇願しました。すると、グロリアはうちに来てくれて私の代わりに甥っ子についていてくれました。私はテストだけ受けに大学へ行き、すぐ家へ飛んで帰ってきましたよ。まったく、こんな大学生っている？

私はそれでも甥っ子を一人で立派に育て上げましたよ。それまでは料理が全然できなかったけれど、病気がちな甥っ子のために食事をすべて手作りしました。ジョセフィーヌは親としてキチンとしていないと思いましたね。子どもの将来を何も考えていないのです。姉の過保護な態度に、私はいつも納得できませんでした。私は学校をサボらせないようにしていましたが、姉は少し熱が出たくらいですぐに学校を休ませようとするのです。私は自分の子どもではないので余計に、甘やかさないように気を配って育てていました。あるとき、姉が、お金があるから自分で育てると言い出したことがありましたが、次から次へと新しいボーイフレンドを作っている彼女に子どもが育てられるのか、私は到底信じられませんでした。

大学を卒業してからは自分で稼いで甥っ子を育てました。一緒に住んでいた私の彼も、まるで実のお父さんのように甥っ子を可愛がってくれましたね。バスケットボールで一緒に遊んだり、車の磨き方を教えたりしてね。私たちは実の両親のようでした。ＰＴＡにも参加したし、問題が起こったら学校に駆けつけました。

甥っ子が高校を卒業した後に、父がうちへ来て「もうお前は自分の人生を歩みなさい。もうお前の役割は終わったよ」と言ってくれました。実はそのころ、下の息子も預かってほしいとジョセフィーヌ姉さんから頼まれていたのです。だけど、ダディはもう面倒をみるのはよしなさいと言ってくれました。ジョセフィーヌのおかげで私は大学に行くことができたけれど、もう十分その借りは返しているよとダディは言ってくれました。今大きくなった甥っ子は、本当にしっかりしていて思いやりがあり、優しい人になってくれたと思います。フィリピンでは、海外に働きに出て子どもを親戚に預けることが珍しくないけれど、子どもにとってやっぱりそれはどうかなと思いますね。

アメリカで女性運動に参加

日本では学校を卒業したら定年まで同じ会社で働くのが普通ですね。でもフィリピンでは機会があればどんどん転職していくのは当たり前です。私もいろんな仕事をしてきました。大学を卒業してからしばらくは銀行で勤めていましたが、銀行のバックヤードの仕事は人と会うことはなく、お金の計算ばかりでした。私は人と会って話をするのが好きだったので、自分には向いてないと感じて辞めることにしました。その後、あるピザ屋で財務のマネジャーの仕事をしていたときに友だちに誘われ、携帯電話の会社へ転職しました。その会社では顧客サービスのマネジャーに就任しました。そのうち、また別の友だちから「シアトルの保険会社でフィリピン人スタッフを探している」と聞き、応募してみたら採用されたのです。その営業所は、たまたま所長がフィリピン人でした。私がラッキーだったのは、前職の携帯電話会社が使っていた社内システムをその保険会社も使っていたことでした。それに、大学生のとき、保険会社でのアルバイトの経験もあったので、保険の仕組みをよくわかっていました。

アメリカに渡り、シアトルでは車の保険や火災保険などを扱う仕事をしました。とてもお客さんから頼りにされていましたね。あるときフィリピン人のボスから電話がかかってきました。「あなたはうちの会社の中で有名だよ。なんでそんなに顧客から電話がかかってくるんだい。あなたが詳しいって評判が届いているよ」と。お客さんにわかりやすく説明できるので納得してもらいやすい。だから信頼を得ていたのです。若いのによくやっているという評価を社長からももらいました。お客さんも私を指名して問い合わせをしてくれます。うれしかったですね。

毎週日曜日はカトリックの教会に行って、午後はボランティアをしていました。「ガブリエラ・USA」という団体で、ホームレスの人にドーナッツとコーヒーを配る活動に参加していました。ガブリエラは、フィリピンがスペインに植民地化されたとき、抵抗し独立運動を先導したリーダー、ガブリエラ・シランから名付けられたフィリピンの女性解放運動の団体です。今では世界中に支部があるけれど、最初に海外支部が作られたのがアメリカです。このガブリエラでは、女性を見下すなという運動をやったりしていました。もともとこんな活動が好きなんです。私が大学生のとき、フィリピン人の家事労働者がサウジアラビアでレイプされて殺された事件がありました。国中の女性たちが声を上げました。私もサウジアラビア大使館の前でデモ行進しました。女性だからといって見下され、暴力をふるわれるのは許せない、いつもそう思っていました。アメリカでガブリエラの活動に関わって、ますます私は女性の人権に関わる運動に関心が高まりました。

たまたまマイク（16歳から付き合っているボーイフレンド）のお母さんのいちばんの友だちがシアトルにいて、彼女がとても私を可愛がってくれて彼女の家に住まわせてくれていました。そこへあるとき突然、フィリピンからダディが訪ねてきたんです。しばらくシアトルに滞在して友だちに会ったりしていたのですが、数日後、脳梗塞で倒れてしまいました。前夜、旧友とチャイナタウンで飲んで遅く帰ってきたダディが翌朝、体がふらついて熱を出しました。その後、さらに状態が悪化して、病院へ行ったら即入院となりました。ダディは「大丈夫」と言い張っていましたが、退院後も体は思うように動かせなくなり、目を離せない状態でした。

土曜日が仕事のときには、父を私の事務所に連れていって座らせておいて、休憩時間は近くのドーナッツ屋さんに一緒に行ったりしていましたね。家で父がシャワーをしているときも、ドアを少し開けて「ダディ、大丈夫？」と声をかけていました。渡米から1年が経ち、そろそろフィリピンに帰ろうかと思っていた時期でした。フィリピンにいるマイクと結婚したいと考えていたからです。父がこういう状態になったこともあり、フィリピンに帰国することにしました。

大切な私のお店

フィリピンに帰って、私は大手金融サービス会社の関連会社で住宅ローン担当の仕事をするようになりました。いずれ、自分でビジネスを始めようと考えていました。その準備として私は月曜日から金曜日までは住宅ローンの仕事をして、土曜日はランドリーで働くようになりました。土曜日は父が老人ホームに行くようになり、体が空いたからです。ランドリーの仕事のノウハウを学んでから「ランドリービジネスを始めたい」とジョセフィーヌ姉さんに相談したら、賛成してくれました。そのとき私は29歳でした。軍人だったダディは土地を安く買うことができたので、毎月給与から少しずつ貯めて、いくつか土地を購入していました。その土地の中から、私はマーケティングをして店を建てる場所を決め、必要な機器を揃えました。

店の名前はＪＬＨ（Just Like Home）ランドリー。洗濯物は1キロあたり25ペソ（当時約１００円）で引き受けました。ビジネスははじめから順調に進みました。顧客向けのキャンペーンも工夫しましたよ。例えば10キロの洗濯を持ち込んだら割引をするなどのサービスメニューを考えました。店舗でリサイクル品を販売したりもしました。他人を雇う余裕はなかったので、姉や義理の姉たちに手伝ってもらいながら家族で経営しました。家族にも大きなランドリー会社へ研修に行ってもらって、技術を身につけてもらいました。起業に必要な資金はすべてジョセフィーヌに出してもらっていたのですが、経営は私が中心になって自分の子どものようにビジネスを育ててきました。洗濯物の受け渡しをするだけの支店として2軒目のお店もオープンすることができました。

ただ困ったことが起こるようになりました。姉は私とはビジネスの捉え方がまったく違っていたのです。私は、ビジネスのお金はビジネスで回す方針でしたが、姉は困っているきょうだいがいたら事業からお金を融通して渡そうとしました。私はビジネスを成功させたかった。困っているきょうだいがいるならお金をあげるのではなく、ビジネスの技術を共有し、そこで仕事ができるようにしたかったのです。姉は私の考え方が理解できませんでした。

私は自分が育てていた甥っ子に店番をさせて、役所に出かけたりすることもありました。彼は喜んで、学校終わりに仕事を手伝ってくれました。そうやって子どものうちから仕事で収入を得る考え方を身につけられるように育てました。お金がなかったら、家族からもらうのではなく自分で稼げるようになるのが大事だと私は思います。

店名のとおり「家で洗うように丁寧に洗います」というのがJLH（Just Like Home）のモットーでした。店は、洗濯だけでなく、お客さんとのコミュニケーションの場でもありましたね。助け合ったりしてね。楽しかったです。だけど、姉以外の家族も個人的にお金を使い込んだりして、何度も大喧嘩し、そのうち私は耐えられなくなって5年で経営を退きました。我が子のように大切にしてきた自分のビジネスが死んでいくのを見たくなかったのです。

もう振り回されたくない

それからしばらくしてフィリピン軍の海外派遣スタッフとして採用され、カタールに行くことになりました。私はマイクも当然同行するものと思っていて、軍から許可を得て連れていく予定でした。ところが彼は「カタールは臭いから行きたくない」と言い出しました。てっきりオッケーしてくれると思ったのに、とても驚きました。彼は中東の人々に偏見があったのかもしれない。でも、そのときの私は彼と一緒にいたいという思いが強かったので、結局カタール行きはあきらめてしまいました。代わりにマイクは「日本に一緒に行きたい、だからビザを取ってほしい」と私に頼んだのです。私は、日本にいる姉に頼んで、マイクと結婚前の挨拶に行くためという理由をつくって彼とともに短期滞在のビザを取得しました。

二人で神戸の姉のところへやってきて、あちこち遊びに行きました。とても楽しかったです。さあ帰国しようというとき、彼がもっと日本にいたいと言い出したんです。Oh, my God. 私は驚きました。今みたいに規制が厳しい時代ではなかったので、滞在費用を稼ごうと仕事を始めました。最初は知り合いに紹介してもらったエジプト人の経営するクリーニング店でした。その経営者の妻が私を気に入って、私にメイドの仕事をしてくれないかと頼むんです。でもメイドの仕事はしたことがないし、個人の家に入るとトラブルに巻き込まれそうで嫌だった。フィリピンに帰国するからと嘘をついて、そこを辞めました。じゃあ、マイクの母親の知り合いがいる東京へ行こうということになりました。私は日本語が少し読めるので、なんとか二人で東京まで出てくることができました。迎えてくれたのは、東京都足立区に住んでいたフィリピン人の老夫婦でした。夫婦は私たちに優しくしてくれたけれど、マイクがわがままだったので彼らは困っていました。せっかく作って出してくれた料理を嫌いだと言って食べなかったりしてね。私も彼に手を焼きました。

その後、老夫婦の娘さんの紹介で、あるチェーンのレストランのメニューをラミネートする仕事に二人で就きました。でもマイクは、残業はあるし、立ちっぱなしだからしんどいと言うのです。私は呆れて、仕事に楽なものはないと彼を叱りました。結局、そこの仕事を辞めて、それ以上老夫婦のお世話になるのも申し訳なかったので、今度は私の知り合いのつてを頼って、茨城県に行きました。茨城では工場で働きました。ペプシの関連会社でボトルの蓋のチェックをするライン作業でした。3カ月ぐらいかな。

マイクは私にも、私や彼の家族にも優しいので大好きでした。だけど頼りないんです。思ったよりずっと日本での仕事が大変だとわかって「やっぱり神戸に帰ろう」と彼が言い出しました。何か問題に直面すると、ふらふらとしてしまう。嫌なことから逃げるというのは彼の性格です。マイクとの間に子どもができたらどうしよう、彼とは家族としてはやっていけないなと思い始めていましたね。

結局私たちは神戸に戻りました。彼は解体の仕事を始め、私は別の仕事を探しました。姉は自分が経営しているお店に来たお客さんから「従業員を探している」という話を聞いて、私を紹介してくれました。そこは長田区にある家族経営の小さな靴工場でした。靴のパーツのバネを作って箱詰めをする作業で、私は一生懸命仕事しましたね。フィリピンの家族にお金を送れるし、ジョセフィーヌ姉さんや甥っ子と一緒にいられるし、うれしかった。でも、しばらくするとマイクは解体の仕事もしんどいと言って、結局ひとりで帰国してしまいました。

ところが、帰国したマイクから「会いたいからクリスマスに帰ってきて」とせがまれました。私が「クリスマスは帰れない」と言うと、彼は「別れたいんだろ。じゃあさよならだ」と怒りました。私は頭にきた。もういい、もう限界。彼の都合で、東京、茨城、神戸と引っ張り回され、私は疲れてしまったのに、なんて彼はわがままなんだ。長い間、マイクとは別れられないと思っていたけれど、きっぱり断ち切った。そんな自分に驚きました。こんな頼りない人はいなくったって、私は生きていけると思いました。私は決意しました。

22年付き合ったけれど、結婚しませんでしたね。本能かな。この人は私より弱い、と感じていました。マザコンじゃないけれど、私に甘えるんです。時間が経ったら、彼も大人になるかなと思ったけれどそうじゃなかったんです。だから別れました。

「愛している」との出会い

靴工場の事務所の社長はいつも、私の暮らすジョセフィーヌ姉さんの家から仕事場まで送り迎えしてくれるのですが、彼と車中で話をするのがとても楽しいと感じるようになりました。私が「ガイジン」だから日本を知らないだろうと、社長はあちこち連れていってくれました。社長のお母さんも一緒に、家族ぐるみで遊びに連れていってくれたのです。コンサートに行ったりもしましたね。家族の一員に迎えられたみたいで、うれしかったです。あるときはお母さんに促されて、二人で大阪のお地蔵さんへ恋愛成就のお参りに行ったりもしました。

ある瞬間、彼が好きだと思ったのです。なぜそれがわかったかというと、彼が車で自宅まで送ってくれ、車を降りてドアを閉めた瞬間、とても寂しくなって涙が溢れたのです。家に入ると姉に「なんて顔をしているの」と言われました。この気持ちをどうしたらよいのだろうと、すごく悩みました。電話しようかな。さっき別れたところなのに、もう話をしたくなりました。

電話をすると、ジョセフィーヌ姉さんの子どもにあげるおもちゃを渡すよ、とか、酒蔵が近くにあるから連れていくよ、などと優しい言葉をかけてくれます。私はいつのまにか好きになっていました。だけどフィリピーナは自分から告白するものじゃないのね。だから私は自分からは彼に好きとは言いません。彼にマイクとはどうなっているのと聞かれたので、別れたと言うと、驚いていました。なぜと聞かれました。

「いろいろあって、理由はひとつじゃない」

「じゃあ結婚はしないの？」

「日本で仕事をしようと思う」

いつのまにか彼と付き合うことになりました。パパ（彼）と一緒にいると落ちつくと思いました。安定した気持ちになるんです。パパと会えない週末はとても寂しかった。パパはそのとき49歳、私より13歳上でした。パパは私のことを「夏川りみ」によく似ていると言っていました。まさか結婚するとは思いませんでしたが、私は彼と離れたくないと思っていました。22年間付き合ったマイクとは全然違う感覚でした。マイクとはLoveじゃなかったんです。幼なじみで、気心が知れている関係だったけれど、愛ではなかったとそのときに気づきました。

パパは一緒にいて楽しいパートナーでした。川へ行ったり、お弁当を持って出かけたりというシンプルなことが楽しかったです。パパは会話の中で、よく社会のことや日本の歴史、正しい日本語を教えてくれました。私はメモを取って彼の話を熱心に聞きました。こんなに人生が楽しいとは思いませんでしたね。めちゃめちゃ楽しいデートでした。パパにとっては再婚になるので、私と結婚すべきかどうか迷ったそうです。パパは離婚して子どもがいましたが、離れて暮らしていたので会うことはありませんでした。

結婚するとき、一人だけ子どもをもうけようと決めました。当時、私は彼を男らしいと感じていました。

まさか私が

私は強い。だれにも支配されたりすることはない。自分の意思は強固だし、女性解放運動もやってきたのだから。何より、パパは私を愛しているから大事にしてくれる。夫から暴力を受ける妻、なんて私には考えられない。そう確信していました。

パパはもともと高校の先生をしていましたが、家業である靴のヒールを作る工場を継ぎました。靴工場は自分のやりたいことではなかったといつも不満を言っていました。そうこうしているうちに、思わぬ出来事が起きました。リーマンショックです。8億円にも借金が膨らみました。私たちが住んでいた住居も持っていたビルも売却しなければならなくなりました。パパは私にはなにも言いませんでしたが、会社の取引は激減していました。そのせいか酒の量が増え、酔って私に暴力をふるうようになりました。暴言も吐くようになりました。私は会社の工場で子どもを背負って働きました。彼は職場では丁寧に教えてくれるけれど、家で暴力をふるいました。私はわけがわからずにいました。

ある夜、お好み焼きを作ったとき、私はかつおぶしのパックを全部使い切ってしまいました。食べるときにパパに「おかかはないのか？」と聞かれて、私が「ない」と答えると、すごい勢いで怒りだして「食べなくていい！」と吐き捨て、お好み焼きを全員分ゴミ箱に捨ててしまいました。

パパはおかしくなってしまった。それでもそのうちに元に戻るだろうと希望を持っていましたが、現実はそうじゃなかった。どんどんエスカレートしました。パパはなぜこうなってしまったのだろう、リーマンショックだからかななどと、自分で納得できる理由を探していました。それは自分の心を守るためでした。でも、どうしたって暴力をふるわれる理由は見当たらない。逃げたい。死にたい。飛び降りたい。なんでこんなことになったの？　なんでこんなに殴られるの？　なんでパパはこんな顔になったの？　なんで愛する人に、自分の手でこんなことをするの？　終わらないクエスチョンばかりでした。

ある晩、熱を出した息子のケアをしていた私に暴力をふるい、そして、息子にも暴力をふるおうとしました。私は、もうダメだと思いました。警察に駆け込みました。私はガイジンだから言葉の助けが必要だったので、警察に姉を呼んでもらいました。姉から紹介を受けて、外国人女性の支援団体のＡＷＥＰ（アジア女性自立プロジェクト）のＭさんに翌日電話で相談しました。夫から逃げたいと。

私は息子とシェルターに保護されました。離婚を決意したものの、その後の離婚調停が難しかった。夫は「離婚しない。離婚するなら息子は取る。とことんやるよ」と私を脅し、「あんたは仕事がないから養育できない」と言いました。私は確かに外国人で立場が弱いし、なにもわからない。夫は冷たくこう言い放ちました。「息子は日本人だ。あんたの子どもではない」。

フィリピン領事館に行って相談すると、同じフィリピン人なのに非常に冷たい態度でした。ＤＶ被害者なのに、なんの心のケアもありませんでした。私はすごく悩みました。夫のところに戻ろうかどうしようか。幸いにも別居して生活保護を受けることができましたが、まだ乳飲み子だった息子を抱えてひとりでいると、不安でいっぱいでした。将来どうなるのだろうか。

パパの言うとおり、私はなにもできない。日本語も通じない。そんな中でどうやってこの子を育てていくのか。この子がかわいそうだ。私は日本の文化も知らない、なにも教えられないので息子が馬鹿になる。そう悩む私に、Mさんは何度も繰り返しました。

「戻らないでね、戻らないでね」

私はこれまで、人から相談を受けると、パートナーから暴力をふるわれたらすぐに家を出たほうがいいとアドバイスしてきました。だったら自分が主張してきたことを実行しないといけないと思いました。このまま我慢すれば、自分の言ってきたことと行動が合わなくなると思いました。だから、戻らずに別居を続けることにしました。

私はそれまで、自分は強い女だと思っていました。だけど夫が言うように、確かに私はなにも知らない、確かに私は弱い、確かになにもできない、確かにこの子を育てるのは無理なんだ。そんなふうに思い込むようになりました。夫と別れたあとも何年もこの思いを引きずりました。離婚後、Mさんに「イベントで自分の体験を話してほしい」と言われても、2、3年は語ることができませんでした。暴力のシーンをテレビで見たら、涙が出てしまいます。耐えられない。本当にセンシティブな状態になっていました。幸せがすごく遠く感じられました。その間も、私は夫を好きでした。本音では別れたくないと思っていました。夫と会うたびに戻ろうかと思いました。子どもが小さいから夫も息子を可愛がります。息子に、父親の存在を消したくない。家族を壊すことは想像できない。だけど、それでは自分の活動してきたこと、主張してきたことと矛盾してしまいます。嫌でした。毎日嫌でした。自分が壊れていく。

ほんとうの気持ち、ほんとうに大事なもの

こんな私の気持ちをわかってくれる人は少なかったです。あなたは暴力をふるわれているのよ、姉も周りの人もそう言いました。いつも心が痛かった。私にとってもっとも大切なものはなんだろう。夫も好きだけど、やっぱり息子だと思いました。だから私は息子を守るため、息子と一緒にいるためにどうしたらいいか考えました。悶々と考え抜いたあと、ある作戦を考えました。そしてそれを試してみたんです。

日本は、離婚したら、自分の息子に父親は会えなくなるかもしれないということが大きな問題だと思いました。夫は息子のことを好きだから、会えなくなることが嫌で息子を私から取り上げてしまうかもしれません。だから、会えるようにすればいいのです。でも、どうやれば、

恐怖、怒り、愛が入り混じったこの自分の気持ちを抑えていけるか、暴力を受けないようにして、自分を回復できるだろうか。私には、やっぱり夫を愛しているという思いがいっぱい、いっぱいあったから。彼に優しくすることで、私たちが家族だったということを彼に強く思い出させたら、彼はどんな反応するだろうかとずっと考えていました。私は、夫に仕返しをしてやりたいという思いも強く持っていました。この思いを夫にぶつけたらどういう反応をするだろうかとずっと想像していました。

今はね、私は勝った、勝ったの。「パパ、あなたがこういう結果を招いたんでしょ」と常に考えられるようになりました。パパは息子に会いたい。だけど別々に暮らしていて、それぞれの帰るべきところがある。だから今の私は、相手に支配され暴力を受ける恐怖はもうありません。パパが息子に愛を注げるようにする、それで彼が後悔する、こんな状況を招いたのは自分のせいなんだ、と自覚させる。あなたの愛した子どもでしょう。どれだけ私が暴力をふるわれたか、その恐怖や怒りをいったん横においてでも、私は彼が父としての愛情を注げるように気を配りました。本当に心から反省させ、いつも「ありがとう」を言わせるようにしました。

今、パパのおかげで、バラバラでぐちゃぐちゃだった私がぎゅっと固まりました。実は離婚後、パパが脳梗塞になって入院したときは私が世話をしました。彼は自分の母親や親類とも仲違いして、ひとりぼっちになっていたからです。私たちは夫婦としてはうまくいかなかったけれど、彼は家族だから。私の思いやりから出た行動でした。あの人は、もともと「ありがとう」とか「ごめんなさい」という言葉を言わない人でした。ところが退院するときに、彼は顔を横にそらして「今までありがとう。本当に心からありがとう」と言いました。そして「もう、遅い。もう遅いね」とつぶやきました。私はとうとう勝ったと思いました。

私は彼のおかげで、もっと人間になりました、もっと大人になったというべきでしょうか。そして、もっといいお母さんになりました。とは言ってもやっぱりね、自分が立てた作戦ではありましたが、苦しみました。I suffered.　でも息子のために、パパに coparenting（ともに親として子育てする）してほしかったのです。私の心としては嫌だけれど、心がズタズタに傷ついたけれど、そのうちにまあいいかと思えるようになりました。パパが息子を愛していると感じられるシーンをできるだけ多く作りたいと思いました。なぜって？　人生は短いから。パパが私にぜったい怒らないように、私のことでぜったい腹立てないように、努力しました。「私のことを大事にしてくれたね。夫婦ではもうないけれど、ありがとう」と彼には言いました。

私の周りの人は「なぜ別れたときにお金を取らなかったの？」と聞きます。でもね、お金は働いたら自分で稼げるんです。慰謝料を取ったら、パパの心にグッと迫ることができなかったと思います。彼の心を揺さぶって、本当に後悔して「ごめんね」って言わせるようにして、彼の怒りで息子を取られないように、私はいい作戦を考えないといけなかったのです。だから私は穏やかになるという方法をとりました。おかげで、全然違うパパになりました。ときどき彼は怒ることもありますし、たまに私も怒りますけど。自分の母親ともきょうだいとも仲違いして疎遠になってしまったパパは、親友は私しかいないと今では言います。

人生は短いから悲しむより楽しむほうがいいでしょう？　苦しんだ時代が長かったので、こうやって話をするとこんなに泣いてしまうけれど。今は、あの経験によってパパは私が人間として成長するようにヘルプしてくれたと捉えています。

当然、ジョセフィーヌ姉さんやエリザベス姉さんはこの作戦には大反対でした。でも私は元へ戻るわけではありません。暴力をふるわれたことを忘れることはありません。ただ、家族として子どものお父さんとして、息子の人生にかかわってほしいと思うのです。私の責任は息子を育てること。だから息子が「ママはやっぱり僕のことを大切にしてくれた、だってパパも参加させてくれて、いつも会わせてくれた」、そう思ってくれるように、パパにはパパとして息子のことを見守ってほしいのです。息子には父も母もいる、その楽しみを打ち消したくありません。「パパは難しい性格だけれど、あなたのことをとっても大好きだから。あなたのことを大事にしたいと思っているの。パパは私に厳しく言うけれど、問題ないわ」と言いたいのです。

私は、両親から愛情を受けて、幸せな子ども時代を送ることができました。だから息子にも両親からの愛を受けて育ってほしいと思うのです。フィリピンは日本と違って、離婚の制度がないので、子どもはたとえ離れて暮らしていてもいつでも父や母に会えるのが当たり前です。私がここまで息子にとっての両親の存在を重視するのは、私がフィリピーノだからかもしれません。

今は息子も大きくなり、一人でパパに会いに行って一緒に釣りを楽しんだり、遊びに行ったりしています。私はとてもハッピーなのです。それだけが私の願い。私の思ったとおりになりました。苦しい中でも私はこんなふうに乗り越えることができるんだと自信を持てました。

シングルで子どもを育てているさまざまな女性と話をします。父親と会いたいけれど、会えないという子どももいます。父親について教えることすらしないお母さんもいます。お母さんの心には大きな穴が空いているから、どれだけ子どもを父親に会わせることが難しいか、すごくわかります。頑張っていても、なかなか乗り越えられないものです。でも、シングルマザーだから、その子どもがかわいそうというわけではありません。いかに、子どもの持っている力を最大限に活かす環境を得られるようにするかが大事です。それはお母さんの役目だと思います。

昔のボーイフレンドのマイクも一度は結婚したけれど、今は離婚しているとのこと。私が夫と別れたことを知って、マイクはまた会いたいと言っています。だけど私はもう彼に興味がない。私は強くなったから、彼はいらない。マイクは歳をとったら自分と一緒に人生を歩んでくれるかなと期待しているようですが、私はいろんなことを乗り越えてきたからそんな甘えは許さないんです。私は今、どう息子を守り育てていくかが、もっとも大切なことなの。男性のわがままには付き合えない、そんな気持ちです。

「痛い」と言えるようになって

痛かったり、苦しかったりしたら、すぐに叫ぶと思うでしょ？　でもね、実際はできないんですよ。私も10年近く、このことについて話すことができませんでした。口を開くと、言葉ではなく涙しか出てこないんです。

もうパパと別れてから10年。すごく長かった。今ハッピーですかと聞かれたら、ハッピーですと答えられる。辛い、くねくね道を歩いていたけれど、なんだかスムースなところに来ました。今、私は穏やかで、綺麗な道を歩いている気持ちです。もう大丈夫です。子どもと一緒に歩めているから。子どもと離れてないから。うれしいじゃないですか。人間、どこかで犠牲を払わないといけないのです。我慢しないといけないこともあります。それが人間。ハッピーにはどこかで犠牲があります。私は強くならないといけないと自分に言い聞かせて、山を登ることができ「やった！」と思います。自分の心を成長させられるようになりました。本当に幸せです。

私はフィリピーノだから、家族をとても愛しています。住んでいる家は別々ですが、家族は絶対に引き離すことはできません。最近では私から来てほしいと頼むのではなくてパパのほうから「息子の音楽会はいつあるの？　ボーイスカウトの行事はいつ？」と聞いてくるようになりました。いいことだと思いますね。神様が私の努力をみてくれていたのだと思っています。どれだけ暴力をふるわれても、愛に変える。

2、3年前からようやく、自分の人生や辛い経験を話せるようになりました。息子に、両親は悪い人だと思ってほしくなかったから、私はこのことをだれにも話しませんでした。フィリピンの家族にも話しませんでした。

離婚後、フィリピンに一度パパと息子と3人で帰国したときに、パパに、フィリピンの家族ってこんなのだよと見せたことがあります。フィリピンの家族はパパを大歓迎し、温かくもてなしました。パパは、自分が悪いことをしたと思ったのでしょう、私のきょうだいに「愛している」と言って泣いたのです。

私は、相手を変えるには自分が変わるしかないと思っています。言いたいことは一度相手に言ったら、それで終わり。次へ進む。私の心はこうやって回復してきたの。完全に克服したわけではなく、まだ痛みや傷はあります。でも今笑顔でどんどんしゃべれるんです。前は怖いというか、恥ずかしいというか、なんだかわからなかったです。人と会うとき、いつも泣いていました。でもようやく経験をしゃべれるようになりました。「こんなに穏やかな感じなのに、そんな経験があったの？」と驚かれます。

自分の両親が私を学校に行かせ、しっかりと育ててくれたのは、こうして自分で乗り越える強さを学ぶためだったのだと思います。なぜこうなったのと泣いてばかりいたら乗り越えられない。自分が先に、自分の愛で赦《ゆる》してあげる。

私は自信を持っています。息子の心の中に私の代わりはいません。息子をだれかに預けたことは一度もありません。夜の仕事もしません。お金は大切かもしれないけれど、私の時間は今しかない。一緒に時間を過ごさないと、大きくなったらそれはできません。ゆっくりと取り組める仕事を持ったから時間の余裕があります。思ったとおりに大事に育てたい。お金はないけれど。

おばあちゃんに「何が欲しい？」と聞かれても「よく考えなさい」「いただいても1個にしなさい」と、多くを求めないことを息子に教えてきました。だから「これ欲しい？」と聞かれても、息子は「今はいらない、まだあるからいい」と答えます。そんなふうに遠慮する息子を、姉が不憫に思うようだけれど、それでいいのです。息子が大きくなってから、あれも欲しいこれも欲しいという甘えた心を持ってほしくありません。フィリピンではみんな甘いから、それでも生きていけるでしょう。だけど、日本では難しいのです。お金は少しでも残して貯めていかなければと言い聞かせています。例えば千円持たせても、欲しいものを買った残りのお金を貯金するのが習慣になりました。いちばん安いものを買って残りを貯めていく。それでいい、ここは日本だから。お金が貯まったら、買いたいものを買うのよ。私は元銀行員だからね。かわいらしいのは、「このATMってお金を入れたらなくならならないの?」って息子が聞くのよ。「コンピュータで記録されるから大丈夫だよ」と私は答えます。彼は親戚からお小遣いをもらっても、使わずに貯めているんですよ。堅実な子どもに育ってくれました。

全部含めて、日本が大好き

今はインターナショナルスクールで英語保育の仕事をしています。それから明石市内のNPO法人「まんまるあかし」でも、子ども向けの英語教室を三つ受け持っています。子どもと触れ合う仕事は楽しいです。これからどう成長していくか、見ているだけで元気も勇気ももらえるから。体は疲れるけれど、子どもを見るとメロメロになりますね。子どもって面白いですね。

徐々に自分の道を見つけて、こうして今、自分らしいと言える仕事を見つけることができました。最近の自分にとっての自信は、「子育て応援サポーター」のセミナーを受けて資格を取れたことです。自分のハートに羽が生えたみたいなの。この資格が履歴書に載せられるのもうれしい。

これからの夢は、本当はね、私は昔から人を支援する活動がしたいのです。人の役に立つことをしたい。昔は、外国に行ってボランティアをするPeace Corpsに入りたかったのです。日本の青年海外協力隊みたいなものですね。私は医者になりたかったと言いましたが、それは医者ならどこでも人を助けることができると思ったから。私がお金持ちだったら、そういう方向に行っていたと思います。困っている人を助けたい。子どもが大きくなったら自分の時間が取れるから、自分の夢を実行したいと考えています。アメリカにいるとき「ガブリエラ」の活動に参加していたように、私はマイノリティのための活動をしたいという気持ちが強いのです。お金は大切かもしれないけれど、人間のほうが大切です。私が人の役に立つことをしていたら回りまわって息子に返ってくると信じています。もちろん実際の人生はもしかしたら違って、だれかを支援する活動はできないかもしれないけれど、誤った道には絶対進まないと決めています。

日本は大好きです。この国で私はいろんな経験をしました。差別されたこと、暴力を受けたこと、悪い人と会ったこと、全部含めて、日本を愛しています。私の子どもは日本人でよかったと心から思います。

日本人の真面目さ、優しさ、正直なところ、中途半端なところ、甘くないところに、私はとても憧れています。日本の人たちは大好き。フィリピン人ももちろん愛していますが、自分の国の人より、日本人のほうが好きと言っても過言ではありません。人を大事にしてくれるし、ものづくりを大事にするところはとても尊敬しています。この国で長年お世話になってよかったと思います。私の受けた暴力は一部分に過ぎません。私は大人になることができ、もっと強くなれました。フィリピン社会で暮らしていたら、私はこれほど成長できなかったのではと思います。

私のような外国人が、ここ日本で住もうと思ったら勇気がいります。心の準備や、１００パーセントの覚悟が必要です。だって、新しい社会で新しい人生を始めるのですから。

なかなかこれまで、こういう話はオープンにできませんでしたが、今は、こうして私の話でだれかを励ますことができるなら、うれしいです。こういうところは私も似てるな、こういうときはこうすればいいのかな、そういうふうに受け止めてくれたらと思います。日本人は気づいていないと思いますよ。私たちが日本の人たちをどれだけ愛しているかを。こうして物語にならないとわからない。私はできるだけ言葉で伝えていきたいです。

Sampaguita 3

けいちゃん

約束の時間どおりに「けいちゃん」は私の事務所にやってきた。暑い日だったので、彼女に冷やしたペットボトルのお茶を勧めた。「すみません」と頭を下げるけいちゃん。膝の上に手を置いて浅く椅子に腰をかけた。緊張が私に伝わってくる。

人前に出て話をしたりするのはとても苦手という彼女。それでも自身の時間を割いてここまで来てくれた。そのことに私は胸が少し熱くなった。

働かない父に代わって

私は、フィリピンの首都マニラのすぐそばのビンニャンシーという街で生まれました。私が生まれたころ、この街はまだそれほど発展していない街でした。ビルも少なく、車もあまり走っていませんでした。近所の人たちが助け合う、昔の田舎の街で、親戚の人も周りにいっぱい住んでいました。

父は裕福な家で育ちましたが、小学校1年までしか学校へ通っていません。父のきょうだいはだれも学校へ行きませんでした。父の両親は自分たちの仕事で忙しかったようで、学校はどうでもよかったみたいです。だから、父は結婚して独立しようとしても、学がないせいでよい仕事に就けませんでした。それからも父は、仕事らしい仕事に就くことはありませんでした。ブラブラ出かけては、麻雀であちこち借金していました。フィリピンでは消費者金融ではなく知人から借りることが多いのですが、父に借金の返済を求めていろいろな人がよく我が家に来ていました。

一方、母の実家は貧しい家でした。貧しくても母は両親に愛されて育ち、私や私のきょうだいは、母方の祖父母たちが金銭面の工面をしてくれたおかげで育ちました。母はそんな家計の状況を私たちに言ってくれませんでしたが、私は小さいときから母が苦労しているのをわかっていました。家の壁は穴だらけ、床は母が足で踏んで固めただけの土の床でした。庭のフェンスは木で造られた簡素なものだったので、よく台風のときに倒れ、風雨が吹き込んで家の中がぐちゃぐちゃになってしまいました。そんな暮らしでも、母は父の文句を決して言わない人でした。どうしようもない父なのに、母は父のことをたぶん好きで、だから母は我慢していたのだと思います。父と母が喧嘩しているのを私はあまり見たことがありません。

父と違って、母は私にいろいろなことを教えてくれました。私が小学校に入る前から熱心に勉強を教えてくれたおかげで、私は小学校を2年飛び級しました。母がいつも言っていたことは、どんなときも笑顔でいなさい、そうすればみんなも笑顔になれるからということでした。悩んでも解決しない、笑顔で冷静にいることが大切と言われました。だから私は、周りの人から変に思われるほど、いつも笑顔です。たまに笑顔になることを我慢しているほどです。

母は私にとって友だちであり、先生のような人でした。

私は小学校3年ぐらいから、少しでしたが稼ぐようになりました。親戚の子どもの布おむつを洗濯したり、アイロンをかけたり、アイスを売りに行ったりして働きました。学校の費用はかかりませんでしたが、お昼ご飯などに稼いだお金を使いました。

妹は小学校に行き始めると、母方の叔母の家に住み込みでお手伝いに入りました。叔母の夫はサウジアラビアに出稼ぎに行っていたので、子どもの面倒をみる人手が足りなかったのです。妹はお手伝いが忙しく、勉強できない状態でした。私はかわいそうに思い、妹の必要なものは私が買う、妹の面倒は私がみるからと、妹を叔母から返してもらいました。

私は学校に行きながら、稼ぐことはなんでもしました。近所の人に簡単な仕事をもらって、洗濯したり、水汲みしたり。昔は家に水道がきていなかったので、どこかに汲みに行かないといけませんでした。当時、水汲みしたら、1回1ペソ（当時約13円）もらっていました。何回か分を、何人かに頼まれたら合計すると20回分くらいになりました。それを貯めて、妹に必要な物を買いました。私が稼いでも家族を養えるほどではなかったので、親戚の助けがあって、私たちはなんとか食べていくことができました。

年齢を偽って就職

15歳のころ、私は学校を辞めて就職しようとしました。フィリピンの法律では18歳未満は働けませんでしたので、18歳とごまかしました。ある工場で面接を受けたとき、たまたま知り合いのお姉さんがいて、私を見つけて「あなたを知っているよ。ここでなにしているの」と言われました。私は小柄で、椅子に座っても足が地面につかないほどでしたので、面接官も怪しいと思っていたようで、私に向かって「お母さんにお使いを頼まれた子どもみたいだ」と言いました。

もうばれてしまったと思い、私は泣き出しました。面接官は、なぜ就職しようと思ったのか、なぜそんなに早く働きたいのかと、尋ねました。私は、父が無職であること、家計を支えるために働かなくてはいけないことを面接官に言いました。じっと私の話を聞いていた面接官は、採用してくれました。このように、規制はあってもまだ緩やかな時代でした。

その会社はアメリカのエレクトロニクスの会社で、私が就職した工場はLEDを作っていました。就職したおかげで、きょうだいたちを学校へ行かせることができました。私の給料は当時としてはよいほうで、月給に加え、クリスマスボーナスと13カ月分のボーナスをもらえました。

エレクトロニクスの会社では、とても楽しく働きました。私がいちばん年下だったので、同僚みんなに可愛がってもらいました。会社の周年パーティーやクリスマスパーティーなどを、芸能人を呼んで大々的に行なっていました。大きな会社で、3交代のシフト制でした。私のシフトだけでも20人のグループで、同じような規模のグループがたくさんありました。エンジニアも500人程度はいたと思います。働いている人数は女性のほうが多かったのですが、技術者は男性が多かったです。私の仕事は、LEDの配線をスコープでみながらエポキシを使ってつなげる配線作業でした。シフトは何カ月間かで交代になり、夜勤もありました。

もらった給料は全部母に渡していました。その給料で、家族6人を養うことができました。私の給料日は、きょうだいたちも楽しみにしていました。彼らの楽しみは、私のお土産でした。チキンやハンバーガーをお土産に買って帰っていました。きょうだいは、給料の日には、窓から首を伸ばして私の帰りを待っていました。たまに交通渋滞で遅くなったら、きょうだいたちが寝てしまっているのに母が起こして、私が持って帰ってきたお土産を食べました。あるときは、朝になったら寝ぼけて覚えていなかったようで、お土産を食べてないと言い張ったきょうだいもいました。

妹は2歳下、その下の妹はさらに2歳下、その4つ下に末の弟がいます。きょうだいは仲がよかったです。私は家にいませんでしたが、妹たちが家事をしてくれていました。私は外で働いていたので家事がなにもできませんでしたが、妹たちはお母さんから教えてもらっていました。

この会社で勤務を始めて2年が過ぎたころ、当時の政治経済の影響で、会社を閉鎖することになってしまいました。そのあとは職を転々としながら、家族のために働き続けました。このころはもう、学校へ行くことはすっかりあきらめていました。そして、一生結婚しない、一生働くと心に決めていました。

震災後すぐの神戸へ

1995年4月。私は初めて神戸の街に足を踏み入れました。阪神淡路大震災によって倒壊した建物があちこちにあって、フィリピンのニュースで聞いていたよりも、ずっとひどい状況に言葉もありませんでした。街の様子を眺めながら、どれほどの人が傷つき、亡くなったのかと思うと胸が締めつけられる思いがしました。もちろんそのときは、自分がこの街で家族を持ち、暮らしていくことになるなど、想像もしていませんでした。

当時、私は次の仕事を探す前に少し休みを取りたいと思い、淡路島に住んでいた母方のはとこに誘われて、日本に遊びにやってきました。私は彼女の経営するスナックを訪れ、たまたま客として訪れていた男性と知り合いました。その男性は、淡路島に住む友人が被災したのを心配して、他の友人と一緒に島にやってきていました。彼らはスナックの従業員たちと意気投合し、島内のテーマパークへ遊びに行くことになり、私も誘われたので一緒に行きました。そのときは、ただそれだけで終わりました。そのうち6月になり、私は短期滞在の在留期間が切れる前にフィリピンへ帰国しました。

ところがまもなく、はとこから連絡があり、その男性が私と結婚したいから、私の連絡先を知りたいと言っているというのです。一、二度会っただけだというのに、ありえません。結婚は一生しないと決めていましたし、私はまったく彼に関心がありませんでした。はとこからは、「フィリピンへ彼が行くと言っているから遊びに連れていってあげて」と説得されてしまいました。しぶしぶ了承したものの、彼が本気であるとは少しも思えず、遊びにきて帰るだけだろうと考えていました。

実はその時点で、すでに彼は私と結婚するつもりでフィリピンに来ていたらしく、私の知らないうちに親戚中を回って結婚の挨拶をしていたのです。親戚は突然やってきた日本人男性のことを受け入れるわけもなく、宗教が違うとか、結婚の手順が難しいとか、私は喫煙する人が嫌いだから無理だろうなどと言って、あきらめるよう説得しました。しかし、彼はあきらめるどころか、そのすべての条件をクリアしたのです。

言葉もろくに話せないのに、カタコトの英語で懸命に一つひとつ乗り越えていく様子を見て、私は次第に彼を意識するようになりました。私の父親代わりだった母方の伯父が、彼の真面目な様子を見て、彼なら私も幸せになるのではないかと承諾したのです。伯父は、「うちの姪を悲しませたらただではおかないぞ」と彼にきつく言いましたが、彼は大きくうなずいていました。でもきっと、そのときは伯父の言ったことをちゃんと理解していなかったと思います。

彼は禁煙し、カトリックの勉強をして改宗してくれました。それから二人で挙式をする教会や神父を探し、披露宴の会場を当たりました。準備の過程で、次第に自分が結婚するという実感が湧いてきました。結婚式の当日には、彼の同級生の友だち二人が日本からフィリピンにやってきて付添人を務めてくれました。彼の母親は体調のことがあり参加できませんでしたが、彼の父親が日本から駆けつけてくれました。式の準備から当日にかけて、戸惑いつつも次第に私の心の中に、幸福感が広がっていきました。

日本での新婚生活

それから少し経って、私は再び日本に降り立ちました。入国手続きに時間がかかったため、神戸で夫と暮らし始めたのは結婚式から3カ月後、私は27歳になっていました。幸せな感覚もあった一方で、新しい土地、国、言葉、文化の中での暮らしが始まると思うと不安がいっぱいでした。

日本に来てからしばらくは友だちが全然できませんでした。言葉が通じないので怖かったのです。夫は私に友だちができるよう、夫の同僚たちの家族と一緒にピクニックに行ったり、いちご狩りに行ったりして私を連れ出しましたが、他の人が何を話しているのか、自分のことをどう思われているのかと思うと怖くて、行きたくなかったというのが正直なところでした。

私の不安に寄り添い、穏やかに暮らせるように心を砕いてくれたのは夫でした。夫は日本人男性としては少し変わっているかもしれません。彼は困っている人を見ると放っておけず、妻の私が外国人だからということもあるかもしれませんが、外国の人には特に何かと世話を焼くのです。

中には困りごとを抱えたフィリピン人もいて、日本で暮らし始めて少し経つころには、夫とともに彼らの相談に乗るようになりました。フィリピン女性と結婚した夫の同級生から「妻が悩んでいるようなので話を聞いてやってほしい」と相談を受けたこともあります。こうしたフィリピン人たちとの交流によって、おそらく夫は日本に住む外国人の状況について理解を深めていたのではないかと思います。今、私は相談通訳などをしていますが、私が受けた相談についても、夫が一緒に考えてくれるときがあります。「今日はどんな相談だったの」と聞いてくれたり、私が対応方法に悩んでいると、「大丈夫かい」「それはあかんなあ」「その問題はなんとかならないのか」などと、心配してくれたりします。彼は勉強会場などへも送迎してくれ、終了時間が遅くなるときも、外で終わるのをじっと待ってくれています。私の活動を応援してくれていると感じます。

もちろん、夫は完璧な人というわけではありません。彼は公務員で幸い収入が安定しているのですが、人への気遣いが深いためか、とても気前がよく、お金に対して少し緩いところがあります。子どもができてからしばらくして、私が家計のやりくりを任されるようになったのですが、知らない間に夫が使ってしまっていたことがありました。私はそんな状況ではやりくりできないから、「自分でやって」と家計管理の責任を夫に返しましたが、彼は手元のお金がなくなっても、親に借りたりして自分で工面し、絶対に食べる物の苦労を家族にさせませんでした。夫の金遣いが荒いのは治らないとあきらめ、私は私で稼いだらよいと割り切っています。こうした受け止めが、夫婦仲がうまくいっているコツのひとつではないかと思います。夫は私にとっていちばんの理解者であり、友だちです。

夫の優しさに救われた異国での子育て

もともと子どもがすごく好きなので、自分の子どもができたとき、とてもうれしかったです。長男の出産時はフィリピンから母親を呼び寄せました。初めての出産でどうしたらいいかわからなかったので、夫が私の母親に来てもらおうと提案してくれました。そのときは自分の母親がそばにいたおかげで、大変ながらも産後を乗り切ることができましたが、次男の出産時には母親は体調がよくなくて日本に来ることができず、近くに住む夫の母親にも頼るのが難しく、ひとりでこなさなければならないことが山積みでした。

子育てに関する情報はほとんど夫からでした。夫が子育て情報誌を買ってきて読んでくれたり、テレビ番組から情報を見て伝えてくれたりして、育児方法を学びました。日本では保健師による育児相談などがあるようですが、そんなサービスがあることを知らなかったので利用したことはありません。子どもの様子でなにかあったら、いつもかかりつけの小児科医に相談していました。

次男が生まれたときは、長男はまだ1歳8カ月で手がかかる状態だったので、私は自分の寝る時間も取れずに疲れ切って、いわゆる産後うつの状態に陥ってしまいました。どうしたらいいのか、これから自分はどうなるのか、苦しみました。子どものことで毎日がいっぱいいっぱいで、自分の存在がなくなっていくような感覚でした。夫が夜勤のときは一人きりで子どもたちを寝かしつけなければならなかったのですが、なかなか寝てくれませんでした。次男は昼夜が逆転してしまっていたので、私は昼間に家事や育児をし、夜間も眠らない子どもの世話をしなければならず、眠るタイミングが見つけられませんでした。

夫は、そんな私を心配し、休みの日には家族で外に出かけたり、日曜日に教会へ連れていってくれたりして気分転換できるように気を配っていました。私がしんどいということを感じてくれていたのだと思います。そのころから、夫は私が寂しくないようにと、教会で知り合ったフィリピン人の友だちを家に招くようになりました。教会で私の友だちに夫が声をかけてくれ、まるで自分の友だちのように大切に扱ってくれました。そのせいか、家には私の友だちだけでなく、その友だちや知り合いという具合に、どんどん人がやってきて、しょっちゅうパーティーやバーベキューをして賑やかにしていました。パーティーのあと、子どもたちの遊び部屋だった和室にみんなが雑魚寝《ざこね》してしまい、翌朝私の知らない人までが部屋に寝ていて、驚くこともたびたびでした。パーティーで集まる人数は、多いときで20名ほどになりました。夫のそういう心遣いがとてもうれしかったです。おかげで、うつ状態はそれほどひどくならず、まもなくよくなっていきました。

フィリピンとの子育ての違いを感じることはありました。日本は比較的安全な社会なのに、子どもを自由に遊ばせなかったり、禁止事項が多かったり、窮屈だなと感じます。また、私はいわゆる「ママ友」もつくりませんでした。公園で子どもを遊ばせている間の、母親同士の会話は私には全然面白くないし、お互いの家に行き来する習慣も好きじゃなかったのです。子どもたちは自由に遊んでくれればよいと思っていました。

「外」の世界への恐怖

たまたま夫がいないとき、料理に必要な食品を買い忘れていたのでスーパーに出かけたことがありました。私がレジで会計をしていると、カゴの中に値札のない品物があり、その値段を確認するために店員がレジを一時的に外れたのです。すると私のあとに並んでいた男性が「お前なにやっとんねん！」と声を荒げて怒り出しました。列に並んでいる人を待たせていることはわかっていたけれど、ただ「ごめんなさい」としか言えず「お先にどうぞ」とも言えず、レジ横の隅で身を小さくして待っていることしかできませんでした。私は、差別的な態度を取られたと感じました。

子どもたちとの関係の中でも疎外感を感じたことがあります。小学生のころ、子どもたちは家に帰ってきてから学校の様子を楽しそうに私に話してくれていました。ところが中学生になると会話もだんだん少なくなり、私が尋ねてもあまり答えなくなりました。「マミーに言ってもどうせわからないだろう！」と返されたのはとても衝撃を受けました。今思い返せば、そのころ息子は反抗期だったので成長段階としてありえる反応だったのかもしれませんが、私が日本語をわからないから日本の学校のことや勉強のことを理解できないだろう、となじられたように当時は受け止めました。

職場で差別や嫌がらせを受けたり、子どもが学校で嫌がらせをされたり、ということは、幸いにもありませんでした。それは、差別の起こらない環境だったというよりも、常に日本人の夫が私の行くところについていってくれたからでしょう。私が非常に怖がっていたので、子どもの学校に行くにも夫が一緒でした。何を言われるかわからない、言われても答えられない状況に陥ることを想像すると恐怖を感じました。息子が幼稚園に通っているときも、さまざまな当番が回ってくるとビクビクしてしまい、他のお母さんたちのやっていることを見よう見真似でやるのが精いっぱいです。その行動の意味は理解できていませんでしたが、だれかに尋ねることもできませんでした。家族や仕事場など限られた世界の外は、怖くてしょうがなかったのです。

日本は私にとって居場所ではないと感じていました。

日本で働く

日本は自分の居場所ではない、自分の国ではない。どこかで私はそう思っていました。だから、できるだけ目立たないように生きてきました。私が日本で社会とつながっていくきっかけとなったのは、仕事でした。

子どもが二人とも幼稚園に通い始め、昼間に一人の時間ができるようになったころ、フィリピン人の友だちが勤めていた弁当作りの会社の社員さんから「仕事をしてみませんか」と誘われました。夫に相談すると、「働かなくてもいいと思うけれど、短い時間ならいいよ」と承諾してくれ、仕事を始めることにしました。

ごく短時間、週2日のみの勤務から始めましたが、久しぶりの仕事、これがとても楽しいのです。配属されたのは、お弁当の惣菜調理を準備する部署でした。使われる肉や漬け込みの材料がどのくらいの分量必要かを計算する仕事です。もともとこの仕事を担当していたのは日系ブラジル人だったのですが、ブラジルに帰国したため、その後を私が担当することになりました。

同じ部署にフィリピン人は私一人。他は日本人と日系ブラジル人しかいませんでした。同僚のフィリピン人たちは、調理などの流れ作業（ライン作業）に多く配属されていて、私だけが違う仕事をしていました。

冷凍庫の中をチェックし、今日はどの材料が何パック使われていて翌日は何パック必要か等を把握し、管理します。また、前夜にどれくらいの分量を冷凍庫から出し、どのタイミングで解凍を始めないといけないかということも計算します。

仕事に夢中になっていき、次第に勤務時間が延びて、とうとう週5日勤務になり、夫の扶養から外れてしまいました。夫は予想外だったのでしょう、「短時間の約束だったのに」と言いましたが、結局その会社で10年ほど勤めました。

働くこと、自分で稼ぐことによって、いろんな意味で余裕ができた気がします。夫は必要なものを言えば買ってくれますが、私は人には頼れない性格で、遠慮してしまい、欲しいものがあっても夫になかなか言えません。例えば、フィリピンの家族から金銭的な相談をされても、夫には言わなかったです。夫が自分から、「クリスマスやだれかの誕生日には何かを送ってあげて」と言ってお金を渡してくれるので、私から言い出さなくても配慮してくれると思って、あえて自分からは言いませんでした。自分で稼ぐようになってからは、自分でフィリピンの家族への贈り物を買う余裕ができました。

ただそのうち、夫からも私の収入をあてにされるようになり、自分の給料はほとんど家計に入れることになりました。夫はいつのまにか携帯電話や電話料金、インターネット料金などを私の名義にしていましたが、私は文句を言いませんでした。家族だから協力すべきだし、私も稼いでいるのでそれでいいと思っています。

フィリピンのルーツを誇りに思う息子たち

うちは、家族の仲がとてもよく、二人の息子はそれぞれの道を自分で選び歩んでいます。あまり私は子どもに口出ししないのですが、夫はどちらかというと口うるさいほうです。普通は母親が言うようなことも夫が言います。父母ともに口うるさいと子どもは息苦しいので、これでちょうどいいのではと思っています。

長男は23歳、私たち夫婦と一緒に暮らしています。彼は公認会計士の資格取得を目指しているのですが、大学の講義は意味がない、独学で合格すると言って、兵庫県立大学2年生のときに退学してしまいました。せっかく頑張って合格したのにと残念に思いましたが、彼の志を応援しています。今は塾講師のアルバイトをしながら、熱心に試験勉強に取り組んでいます。

次男は高校卒業後、神戸の専門学校で1年間声優の勉強をしてから東京で活動するために一人暮らしを始めました。声優の勉強の傍ら、アルバイトで生計を立てて、オーディションに挑戦しているようです。大変難しい世界のようですが、自分で決めた道、独立して生きていく覚悟を感じます。親として温かく見守り励ましていこうと思っています。

息子たちには、幼いころは英語で話しかけるようにしていました。私は日本語を勉強する一方で、息子たちには英語を話せるようになってほしいと願っていました。でもこちらの思うようにはいきません。長男は中学校に上がったとき、「日本語だけでいい」と言って、全然使わなくなりました。私は、彼らがフィリピンへ行ったときに、私の両親と話が通じないのではないかと心配していましたが、それは無用でした。フィリピンでは、なんとか英語が通じ、息子たちは子ども同士でいつのまにか楽しそうに遊んでいました。

中学校でいったんは英語への興味を失ったかのように見えましたが、長男は今、英語に目覚めています。公認会計士試験の勉強をしながら、英語を学んでいるようです。以前はフィリピン以外の外国に興味がなかったそうですが、最近はもっと英語を勉強したい、海外で活動したいと夢をもっています。小さいころにもっと英語を勉強しておけばよかったのにと冷やかしたりしますが、英語に取り組んでくれてうれしいです。近頃、英検準1級を受験したようで、難しかったとこぼしていましたが、彼の意欲は高く、最近は家では私と英語でしか話しません。夫は私と結婚するときに急ごしらえで覚えた英会話レベルなので、私と長男の会話を聞いてもちんぷんかんぷんで「お前たちは何を話しているんだい」と首を傾げていますが、そんな様子も私にとっては微笑ましい家族のシーンです。

フィリピンへは年に2回、家族全員で帰省しています。フィリピンの家族も私たちが訪ねるとお祭りのようにして歓待してくれ、息子たちはフィリピンへ帰るのをいつも楽しみにしています。息子たちもカトリックの洗礼を受けていますし、フィリピンの文化にも親しみを持っています。例えばフィリピンでは年配の人を大切にする習慣があり、年上の人への敬意を示す挨拶を必ずしますが、息子たちは自然にフィリピン流の挨拶をしています。また、ハグしたり、腕を組んだりするのも恥ずかしがりません。

夫は子どもたちが小さいときから「お前たちは日本の子どもとは違う。でもそれを恥じることはない。お母さんは日本人ではないけれど、同じ人間。言葉は違うけれど、一生懸命日本語を勉強している。恥じるのではなく、誇りに思いなさい」とずっと言い聞かせてきました。「日本人だけじゃなく、他の国の血も入っているから、日本語だけでなく他の言葉もできる。それは他の日本人の子どもには普通できないことだから」と夫は子どもに語っていました。

母親が外国人だからいじめられていないか気になって、息子たちに「学校でなにかされていないか」と私が尋ねると、「いや、全然ないよ。お母さん、英語できるの、すごいねって言われるよ」と答えました。クラスの友だちが「お母さんの顔を見たい」と言って家に遊びに来たときは、「ほら、うちのお母さんだよ」と私を紹介してくれて、とてもうれしかったです。息子は私と腕を組んで街を歩くのも平気です。日本だとマザコンと言われそうですが、フィリピンでは当たり前です。息子たちは、夫の言葉どおり、日本とフィリピンの両方の要素が自分にあることを誇りに思っているのだろうと感じています。

実は、もうひとつ。長男の彼女は日本人で、フィリピンが大好きなのです。独学で勉強したおかげで少しタガログ語ができる彼女は、なんと長男にタガログ語を教えています。ときどき、わからないタガログ語について私に尋ねてきたりします。そんな二人を見てとてもうれしく思っています。

通訳の仕事への転機

弁当作りの会社を10年勤めたころ、フィリピン女性のグループ「マサヤンタハナン」に出合い、日本語教室に参加し始めました。同グループが出店していたイベントで、芦屋市教育委員会の関係者から、日本語がわからず授業についていけない外国人児童を授業中にサポートする「子ども多文化共生サポーター」に登録しないかと声をかけられました。

私は「サポーターとして活動したことがないから」と断りましたが、「子育て経験があるから大丈夫。担当する児童は小学校低学年なので、自宅で子どもに教えるような感じでそばについていてくれたらよいからぜひやってほしい」と懇願されました。私にとって、これまでの仕事とはまったく違う世界です。話を聞いていくうちに、ワクワクしてきて「やってみたい」と興味が湧いてきました。

さらに同じ年に市民活動団体「NGO神戸外国人救援ネット」のスタッフから「フィリピン人の通訳者が足りないから、事務所にきてもらえないか」と声をかけられました。私は初めて通訳や翻訳の仕事をするようになりました。翻訳の経験はまったくなかったのですが、周りから「実務をこなしていくうちに慣れるから」と助言され、短い文章から取り組み始めました。

同時期に、兵庫県教育委員会から「子ども多文化共生サポーター」の試験の案内が届きました。受験して合格したので、県にもサポーターとして登録をしました。また、神戸市の「神戸国際コミュニティセンター（KICC）」にも通訳者として週1日勤務することになりました。マサヤンタハナンでボランティアに手伝ってもらいながら日本語を学び、日本語能力試験のN3（5段階のレベルで上から3番目に当たる）に合格した段階で、本格的に通訳・翻訳の仕事に従事しようと決心したのです。

弁当作りの会社で働いていたとき、私の行動範囲はとても狭く、一人で行動することがとても不安でした。通勤以外はどこへ行くにも夫と一緒で、常に彼の運転する車で移動していました。ですから、公共バスは乗り方すら知りませんでした。

通訳の仕事や「子ども多文化共生サポーター」は出先での仕事になりますが、当初「三宮《さんのみや》（神戸の中心街）で集合」と言われてもまったくわかりませんでした。「ＮＧＯ神戸外国人救援ネット」で通訳のために相談者に同行するようになり、あちらこちらへ出向くことになりました。外国人支援関係のフォーラムに出席するため、東京へも一人で行きました。

今では初めてのところでも自分で調べて、どこへでも一人で行く勇気があります。以前は、出先での仕事のときは、事前に行き先の場所を調べておいて前日には現地へ下見に行っていましたが、もう下見に行かなくても平気です。夫は「俺よりお前のほうが地理にくわしいよ。連れていって」と言ってくるほどです。世界が広がり、ワクワクして楽しい、もっとこうした活動を続けたいと強く思います。

活動や仕事の中で、さまざまな人に出会いました。全国の外国人の人権問題に取り組むＮＰＯ「移住者と連帯する全国ネットワーク」主催のフォーラムに初めて参加したとき、私たちのために活動している人がこんなにも日本にいるということ、それもほとんど日本人だということに驚くとともに、とても感動しました。この社会は「私たちのところ」じゃないから、差別されてもしょうがないと肩身の狭い思いをしていました。ところが、こうして外国人住民の人権のために熱心に活動している人たちがたくさんいることを知り、私も頑張って貢献しないといけないと決意しました。

学校へ行く！

もう怖くない。

言葉が読めるようになったから。人が話していることを理解できるようになったから。自分の気持ちを、考えを日本語で話せるようになったから。すべては学校に通うようになってからがらりと変わっていきました。

夫と出会った当初は英語でコミュニケーションを取っていたこともあって、フィリピンではまったく日本語を習いませんでした。日本に来てから必要に迫られて勉強を始めました。勉強といっても、まったくの独学で日本語教室や日本語学校には通いませんでした。日本での夫とのコミュニケーションはカタコトの日本語で、英語が混じることもしょっちゅうでした。
家事や子育てに忙しい日常の中で、どのようにしたら一人で勉強できるか考えていたところ、たまたま出合ったのが少女漫画でした。あるとき、コンビニエンスストアで漫画本を見つけて手に取りました。読み仮名が振ってあるし、絵もあり、動きもわかるので、ストーリーがわかりやすかったのです。読み始めると瞬く間に夢中になり、続きが楽しみで仕方がないほどでした。そのころのお気に入りの漫画のタイトルは忘れてしまいましたが、ほとんどラブストーリーやコメディだったと思います。また、テレビドラマも日本語の勉強になりました。日常的で自然な会話で構成されているので、テキストから学ぶよりも感覚的によくわかりました。こうしたエンターテインメントのコンテンツを通じて、子育て中も楽しみながら日本語を覚えていきました。

それからしばらくしてマサヤンタハナンに参加するようになったころ、メンバーのKさんから夜間中学校のことを教えてもらいました。夜間中学校は、義務教育を修了できなかった人や、やむを得ない事情で義務教育をあきらめた人、出身国で義務教育を修了しなかった外国籍の人などが学べる公立の中学校です。

勉強をすることができなかった人のために、外国人にも門戸を開いている学校があると聞いたことはあったのですが、どこにあるのか、どうやったら入学できるのか、私も夫も知らなかったのです。夫は、知っていたらもっと早くに行かせてあげられたのにと後悔していました。

最初、私には難しくて授業についていけないのではと懸念していましたが、Kさんが「通いだしたらだんだんわかるようになるから大丈夫」と背中を押してくれ、入学を決意しました。フィリピンで学校を中退して働いてきたため、私はずっと学校に行きたいと思っていました。彼女の後押しは本当にありがたかったです。

中学校での生活は本当に楽しかったです。内容が日本語学習だけではないというのがとてもよかったのです。日本語の読み書きだけではなく、さまざまな科目の勉強ができました。中学課程の勉強を修了できれば十分と思っていましたが、中学3年生が終わるころに担任の先生が、せっかくこれまで勉強してきたことがもったいないから高校へ行ってみたらと促してくれました。さすがに私も高校は難しくてついていけないだろうと心配でしたが、定時制高校に入学し、授業もついていくことができました。

日本語の習得が大きな力になる

マサヤンタハナンのメンバーになってからの1年は、私の人生にとって大きな分かれ目になりました。夜間中学校に入学し、まもなく弁当作りの会社を辞め、神戸国際コミュニティセンターでの仕事を始めることになりました。こんな転換期がくるとは正直思っていませんでした。弁当作りの会社を辞めてしまったら、自分ももう若くはないし仕事もないだろうから、専業主婦になっても仕方がないかとあきらめかけていましたが、通訳や翻訳の仕事へとつながり、本当に自分は変わったと思います。もっと勉強して、物事を知りたい、学んだことを生かして人の力になりたいと、ますます強く思うようになりました。

かつては、私のところにやってくる友だちや知り合いの相談には、話を聞いて自分のわかる範囲で少し助言をする程度でした。でも、もっと多くの複雑な問題を抱えている人がたくさんいるということを知りませんでした。同行通訳の仕事などの中で、さまざまな深刻な問題を聞くようになり、なぜこうした問題が起こっているのだろうと考えることが増えました。そして、一つの理由が「言葉」にあるという考えに行き着いたのです。だから、もっと伝えたいと思いました。日本で生活をするなら、日本語の勉強もそうですが、日本の文化や法律のことも知る必要があると、日本に住むフィリピン人や外国人の人たちに伝えたいのです。だから私はもっと多くの人と関わろうと思いました。

国際結婚で日本にやってきたフィリピン女性の中には、日本で暮らして10年20年と経っていても、日常生活で日本語をあまり使う必要がなくて日本語力のついていない人が少なくありません。また、日本語での会話は問題なくても、読み書きに不自由する人もいます。特にシングルマザーの外国人女性は、一人で子育てしながら、家計を支えるために労働条件のあまりよくない中で働き詰めのため、自分の日本語学習に割く時間が取りにくい人が多いといいます。仕事場で日本語を使うので上達するのではないか、と思われがちですが、彼女たちが従事する仕事は弁当や食品加工の会社、商品の梱包や機械の組み立て、倉庫業務、ホテルのベッドメイクなどで、日本語があまりできなくても可能なものがほとんどです。中にはだれとも話さないまま1日の仕事を終えるという人もいます。

子どもの通う学校から電話がかかってきても、出たくない、と思ってしまう外国人は多いと思います。先生から何を言われているかわからないし、当然答えられない、だから不安なのです。例えば、懇談などで学校に行かなければいけないとわかっていても、学校から手紙がきても、何を話されるかわからない、理解できないから答えられないと思ってしまうので、行けないという外国人の母親は少なくないと思います。決して子どもや子どもの教育に関心がないわけではないのです。

今はありがたいことに「子ども多文化共生サポーター」の制度があり、母親のためのサポート制度もできました。ただこうした制度を活用しながらも、外国人の母親自身も努力しなければいけないと感じます。子どもを理解し、子どもとの会話を続けるために自分も日本語を習得すべきだと思います。子どもは、コミュニケーションが取れないとそれ以上会話するのをあきらめてしまいます。日本語の習得を「もう年だから」とあきらめないでほしいと願っています。年齢は関係ないと、私自身の経験からみんなに伝えていきたいです。

勉強する中で社会のさまざまなことに関心が広がりました。昔はテレビのニュースを見ても、私には日本の社会のことは関係ない、と思っていました。ところが今は、例えば、インターネットの偽サイトで給付金詐欺が起こっているというニュースを聞くと、フィリピン人や外国人の仲間に「騙されないように注意をしてほしい」と伝えたくなります。気になったことはさらに調べて情報を集めます。日本語を学ぶと、社会への関心が高くなって、また勉強を続けようという意欲につながっているんです。夫からもときどき「俺よりくわしいね」と感心されることがあります。

フィリピンへの仕送り問題

日本人と結婚しているフィリピン女性から耳にするいろいろな話の中で、よく問題になるのが仕送りです。彼女たちの中には、フィリピンの家族へ仕送りをするために働くという人が少なくありません。

なぜ仕送りするのかというと、いちばん大きな理由は日本との経済格差です。フィリピンでは、働き口のある外国へ出稼ぎして家族を支えるのは特別なことではありません。今のフィリピンの平均世帯年収は日本円でだいたい90万円くらい（35万3、230ペソ、フィリピン統計局2023）です。フィリピンの経済はこの20年で大きく成長をしてきていますが、まだまだ日本との格差は大きいです。それに、家族との関係性が日本とはずいぶん違うことも影響していると思います。日本では「家族」というと、親と子ども、それに祖父母くらいまでだと思いますが、フィリピンでは、きょうだいの子どもや、日本では「遠い親戚」と呼ばれる血縁者を含めてすべて「家族」という感覚です。だから家族の間で助け合ったり、お金を出し合ったりするのは当たり前のことと思われているのです。

そうすると、日本に住むフィリピン女性はお金を持っていると思われやすいので、定期的に仕送りを期待されることが多くなります。ところが、フィリピン国内で結婚した場合は、実家に仕送りをすることは一般的ではありません。結婚して外国に住んでいるから毎月のように仕送りをしなくてはならないというのは、私には違和感があります。たまの仕送りなら構わないと思うのですが、日本で暮らしているからといって、みんなお金持ちではありません。まずは自分の日本の家族のことを優先すべきだと私は考えています。

きょうだいの子どもの学費まで支払うとか、親族が病気になったらその治療費を支払うなどということを聞いたりしますが、そこまで負担する必要はないのではと思います。彼女たちは「外国に住んでいるのだから自分がそういった費用を支払わなければならない」と思い込んでいるのでしょう。頻繁な仕送りは実家の家族を甘やかし、金銭的に依存させることになると思います。

実際のところ、フィリピン女性からの相談には、こういったお金に絡む内容が多いのです。「自分も働いているのに夫がお金をくれない」「フィリピンの家族にお金が必要なのに、欲しいと言っても日本人の夫はくれない」などと訴えてきます。フィリピンの家族にも事情はあるでしょうが、夫にしてみれば毎回なぜそれほど送金しなければいけないのか疑問に思うのも当然でしょう。そこから喧嘩になることも多いようです。これはほとんどのフィリピン女性たちが抱える問題のひとつだと私は考えています。

新しいステージ、マサヤンタハナンの活動

今、すごくやりがいを感じています。
縁あって日本人の夫と出会って日本で暮らし始め、自分の居場所を日本社会で見つけて、私の人生は大きく変わりました。

これからは神戸国際コミュニティセンターとNGO神戸外国人救援ネットでの通訳の仕事を続けながら、マサヤンタハナンの活動をメインにしていこうと思います。そしてメンバーをも

うちょっと引っ張っていこうと思っています。マサヤンタハナンは、日本語教室や就労支援活動、コミュニティの交流活動など活動の幅を広げながら、少しずつメンバーが増えています。参加する女性は、20代から50代くらい。子どもが大きくなったので、今度は自分が勉強したいと思っている人もいますし、子育てしながら来ている人もいます。子ども向けにはタガログ語教室があります。

マサヤンタハナンに参加する人たちの中には、自分の力を再発見する人もいます。活動を通じて、自分にもできることがあるのだと気づくのです。初期のころからのメンバーには、団体の役員としての役割を担ってもらっています。これまではできなかったかもしれないけれど、今はこんなにできるのだという自信を持てていると感じます。

例えばJさん。彼女は教室の担当になっています。休む人をチェックしたり、教室のコーディネートをしたりする役割です。次回は先生が何人来られるかということを確認し、配布物のプリントの準備をします。以前、彼女は印刷機を使うことができませんでした。また、参加者と関わることもありませんでしたが、今は連絡担当として頑張っています。最近、Jさんはちょっと自信がついた感じがします。

教室が始まる前に、参加者に声をかけることも何人かに交代でやってもらうようにしました。みんな最初は恥ずかしがっていましたが、恥ずかしがっていたらこんな活動できないよと励まし、手本を見せるうちにそれぞれが自分でできるようになりました。マサヤンタハナンへの参加を呼びかけることもそれぞれでやっているようです。どんな人もやればできると感じています。

一人でなんでも引き受けるのではなく、みんなで役割を共有しながら活動したらよいと言ってくれたのはMさんでした。役割を与えても、みんな最初はできませんが、手伝い、教えていくうちにできるようになります。任された役割を果たす中で、成長していく姿をみるのはとてもうれしい。でも、まだ団体を運営していくための力が私には足りないから、勉強しないといけないことがいっぱいあります。

例えばビジネスメールもそうです。どんな言葉を使えばいいのか戸惑うことがあります。ボランティアグループなど非営利団体は、財団などから助成金を受けて活動するのが一般的で、マサヤンタハナンも例外ではありません。助成をしてくださっている団体からの連絡が来たときなどは特に、自分にはまだビジネス用語、敬語などの知識がないので失礼なことを書いてしまわないかと心配になります。なので、まだ日本人ボランティアに頼ることもありますが、ボランティアからは私が頑張らないといけないと言われます。

言い訳になるかもしれませんが、私以外の家族が男ばかり3人のせいもあってか、私の覚えた日本語がどうも男言葉なのです。しかも夫から関西弁を覚えなさいとしつこく言われたため「おとん」「おかん」とか「だからゆったやろ」など、夫と話していると口からつい出てきますが、こんな言い回しは仕事のメールでは使えません。シーンごとでの日本語の使い分けには、かなり苦労しています。

また、自分の思っていることを伝えようと思ったら、人前で話せるようにならないとだめだと思いますが、私は人前で話すのが本当に苦手。緊張して、頭が真っ白になって、なにも出てこなくなります。こればかりは経験を積んでもなかなか難しい。自分にとっての壁です。代わりにだれかにしゃべってほしいくらいです。

今、マサヤンタハナンを支える次の世代を育てようとしています。彼女たちには、フィリピン人の支えにも、日本人の支えにもなってほしいなと思います。日本は人口も不足しているし、労働者も不足しています。最近は外国から労働者を招いていますが、彼らは日本に来てから日本語を覚えないといけないし、文化とか法律とか、高い壁を超えないといけません。だから日本政府は、すでに日本に住んでいる外国の人たちにもっと日本語を勉強できるような環境を与えてくれたら、と思います。日本に慣れているし、法律もある程度わかっているし、文化も理解できるから、その人たちに日本語教育をしっかりすれば、いろいろな場面で活躍できるかもしれません。他の外国人に教えてあげることもできると思います。日本人が教えるよりも、異文化間の事情や背景のわかっている外国人が教えてサポートするほうがよいのではと思います。

長い時間をかけて自分のことを話してきましたが、改めて感じるのは、夫と出会ってよかったということです。これからの人生、またいろんなことが起こると思いますが、母の「いつでも笑顔で」という教えを忘れないように進んでいきたいと思います。

Sampaguita 4

コラゾンさん

コラゾンさんにお話を伺うのは、いつも夕方、三宮《さんのみや》（神戸市）の喫茶店。「仕事帰りやねん」と言いつつも疲れた顔を見せず、時間をかけて語ってくれた。クールでキリッとした表情が印象的な彼女。名前をどうするか尋ねたら、即座に「コラゾンで」ときっぱり。それはどういう意味かと聞くと、スペイン語で「心」だという。そしてポツリと「亡くなったお母さんの名前やねん」。

私の家族のこと

私は1978年にメトロマニラのカロオカン市で生まれました。私の生まれたところは庶民的な街で、普通より少し貧しい人が住んでいましたが、スラムではなかった。家は借家でした。母はスペイン系でした。パンパンガ州の出身で、母方の祖父は仕立ての仕事をしていました。母は父とは再婚で、一度目の結婚のときの子どもが二人いました。

父にはきょうだいがたくさんいました。父方の祖父は世界的に有名なお菓子メーカーのえらいさんで、お金に余裕があり、すごく大きな家に住んでいました。たいへんなプレイボーイで、祖母は浮気を許していたらしいです。父はその会社のトラックドライバーとしてビスケットなどお菓子の配達をしていました。父の弟たちもみんなそこに勤めていました。父は祖父と同じくプレイボーイで、母との結婚前に別の女性との間に娘が一人いました。

私の幼いころから生活が大変で、父と母はよく喧嘩していました。母は家計を補うために、人から仕立ての注文をもらって服を縫っていました。母は昔、ピアニストになる夢があったけれど、自分の父親から仕立ての仕事をするように言われ、あきらめたそうです。昔は「女の子は学校に行かなくていい」っていう考え方ですね。すぐ結婚するから学歴はいらないと。

母が前夫との間につくった二人の子どもは、娘が今、52か53歳。息子はすでに亡くなっているのですが、生きていたら57歳ぐらいかな。異父姉はあまり学校が好きではなかったようです。また、亡くなった異父兄はトラブルメーカーでした。悪い友だちに誘われ、10代のころからドラッグにハマってしまい、何度も刑務所に入っていました。ただ、異父兄は私には優しかった。よく遊んでくれ、私のためにおもちゃを作ってくれたりもしました。母と私はよく刑務所に面会に行っていました。

私が6歳のときに妹が生まれて、もっと大変な生活になりました。父は運転手だからほとんど家に帰らない。休みの日でも、父は実家によく行っていて家にはいませんでした。母はストレスをよく子どもにぶつけました。母は、私たち子どもに暴力をふるっていたんです。今は虐待でダメだけど、そのときは問題じゃなかった。母はそのように育てられたんですね。異父姉はそれに耐えられなくて、結婚して家を出ました。彼女が17歳のときです。妹は体が弱く、死にかけたことがあったので、家事はさせないで全部私がしていました。

父が家にいたくなかったのもわかる。大人になってわかる。父も悪いところがあるけれどね、父のことは大好きでした。たまに仕事場に連れていってくれたり。父はいい加減だけど、怒らない。母と全然違う。父がいると、母は幸せ。父がいないと、母に殴られる。
狭い家で、2段ベッドがあって、両親が上、子どもは下で寝ていました。父が遅く帰ってくるときは、母は必ず父の食事を置いておいた。父の物は触らない、スリッパも触らない。母は父を大事にしていたけれど、父が家にあまりいないこととお金のこととで、喧嘩がしょっちゅうでした。

当時は家にテレビがなくて、私は近所に住む父方の祖母の家の、開いている窓の外からテレビを覗いていたけど、気づかれるといつも窓を閉められてしまいました。祖母は、何で子どものいる女を選んだのだと、母との結婚を大反対していたのです。だから私たちも祖母には嫌われていて、家にも入れてもらえなかった。大きな家だったけれど。最後まで認めてくれなかった。それも母のストレスだったと思います。

金貸し業をはじめた母

小学生のときは、シスターだった母方の叔母の勧めでお金持ちの学校に行きました。カトリックスクールです。叔母さんには可愛がってもらって、よく家に遊びに行っていました。一時、私もシスターに憧れたほどです。私は成績が良かったので、叔母は私をタダで行かせてあげると後押ししてくれました。確かにほとんどタダだけど、本とかいろいろなものにはお金が必要だった。

だから、勉強以外の面が大変でした。クラスメートはお金持ちばかりで貧乏な私とは友だちになってくれなかった。一応友だちはできたけど、少なかった。カバンとか身の回りのものが貧乏くさいと言われ、よくいじめられました。本をとられたり、落書きされたり。お金持ちの子たちが持っている可愛い靴、カチューシャは、私にはなかった。でも、いじめられても、私は負けなかった。

私が小学校を卒業する直前、母はサウジアラビアのリヤドへ出稼ぎに行ったんです。お金を稼いでなんとか自分たちの持ち家が欲しいと言って。父方の祖母や親戚に馬鹿にされるのが悔しかったんでしょう。家があったらリスペクトされるから。でも母は、1年も経たずに突然仕事を辞めて帰ってきたんです。本当は2年契約だったらしいけれど。稼いだお金は少ないけれどちゃんと持って帰ってきました。

母は、お金は何かしないとすぐなくなると言って、サウジで稼いだお金で金貸しの仕事をはじめました。非公認だったけれど、当時のフィリピンでは事実上ＯＫでした。貸した人が逃げてしまったら、取り返せる法律的な保護がないだけでした。

家のすぐ近くに市場があって、そこで魚や肉を売っている人たちがお客さんでした。最初はみんな少額でしたが、だんだん金額が大きくなっていきました。家にはいつも人が来ていました。毎日ちょっとずつ、例えば50ペソずつとか借りにきたり。2千ペソ借りたら100ペソを何回返済とか計算するんです。集金にも行っていました。借り手は店主たちだけじゃなく、家庭の人もいました。奥さん、独身女性、いろんな人が母のところにやってきました。母は市場の有名人になり、商売は繁盛していました。おかげで家のローンが組めるまでになりました。

小学校卒業後、ハイスクールは公立学校に進学しました。お金持ちの子ばかりの私立学校は嫌だと母に泣いて頼んだんです。やっぱりどうしても馴染めなくて。叔母は行かせたかったようで、途中で辞めるなんてもったいないと言いましたが、母が説得してくれたんです。ハイスクール時代は同じ生活レベルの人と一緒にいられたから楽しかった。お互い苦労がわかるし、少しずつお金を貯めて好きなものを買うという感覚も共有できました。友だちといられるのも楽しくて、毎日学校に行きたいと思いました。いちばん戻りたい時代かもしれません。

もうだれも助けてくれない

今、こうして話していると、当時のことを思い出してきました。

私が高校生、15歳のときに、母が突然脳梗塞で倒れました。そのとき父はサウジアラビアに働きに行っていて不在だったので、母と妹と私の3人で暮らしていました。母は悪い商売（金貸し）をしていたので、そのストレスもあったと思う。すぐ治ると思ったけれど、どんどん悪化。最初の半年はＩＣＵにいて、1年間ほど入院しました。

私は母がお金を貸していた人のところに行って、お金を返してもらってきたけれど、病院のお金に消えました。学校に行って、帰りに病院に寄ってという生活を毎日繰り返しました。異父姉は結婚して家を出ていたので助けてもらえず、5歳下の妹は小さかったので病院に行けませんでした。病院の支払いで借金だらけになって、病院からは「退院して」と言われました。母は寝たきり、介護の必要な状態でした。頼みの父とは連絡がつかなくなっていました。母の手術のときには一時帰国したけれど、それっきりでした。

母が父のためにサプライズで買った家はほとんど完成していたのに、引き渡し基準の金額までローンを返済できていなかったので、結局入居できませんでした。当時住んでいた家は借家で、家賃が払えないため母を連れて帰ることはできません。家がなくなった私たちを、もう一人の母方の叔母が親切にも自宅に住まわせてくれました。叔母の家も子どもが7、8人いましたが、叔母だけでなく従兄弟もみんな優しかった。そこでお世話になった。すごくありがたかったです。ただ、「お父さんはなにしてるんや」と叔母の夫は怒っていました。子どもも多く、お金持ちではなかったので、私たちの存在は重たかったと思う。私たちのせいで叔母たちは夫婦喧嘩をよくしていました。私たちはその喧嘩を聞いていたけど、どうしようもなかった。

それからは叔母についてきてもらって、いろんなところに支援を頼みに行きました。初めはボランティアの人に薬とかオムツ代は助けてもらえたけど、もう母の状態がよくならないとわかると、助けてもらえなくなりました。サポートの窓口に行くと「お金ない、お金ない、もう終わり」って冷たく追い払われました。

そのあと結局、私たちは叔母の家を出ました。母の弟で、独身だった叔父の家に行ったんです。叔父は無職だったので、私たちは食べていくことができませんでした。仕方がないので、私は高校4年生のときに学校を辞めました。もうだれも助けてくれる人がいませんでした。いつか復学するつもりでしたが、とうとう叶わずじまいになりました。妹に母の世話を頼んで、当時は17歳でしたが、18歳と偽装して私はデパートで店員として働き始めました。

ある日、朝起きたら、母が冷たくなっていました。朝、私がいつものようにミキサーで母の食事を細かくし、口元にスプーンを持っていったら、いつもと違う顔色で冷たくなっていたのです。ショックでした。脳梗塞で倒れてから約2年後、母が50歳のときでした。連絡しようにも、父はどこにいるのかわからなかった。母の葬式や、いろいろなことが終わって、次にどこに住むか問題になりました。叔父は精神的におかしく、母が亡くなったあとまで一緒に住むのは難しかったので、父の実家に頼んで住まわせてもらうことになりました。

妹と2人でほんの少しの荷物を持って引っ越すと、もともと倉庫で窓がなかった部屋があてがわれました。持っていた家財道具は病院代を支払うためにすべて売ってしまったので、もうほとんど荷物らしい荷物は残っていなかったんです。母が愛用していたヴィンテージのミシンも、母がお金を貯めて父のために買ったテレビも、なにもかも。

私はデパートの仕事を頑張りましたが、借金は結局返しきれませんでした。逃げたというか。

仕方がなかった。返せなかったのは数万ペソかな。覚えていない。母のICUの費用が高かったからね。

父がようやく帰国しましたが、ずっと遊び回って家にいない。出稼ぎでまとまったお金を持って帰ってきたので、悪い友だちに誘われたんでしょう。男は弱いですね、すぐにそっちにいくんですね。私と妹のことじゃなくて、自分の楽しみを優先させたんです、父は。サウジで稼いだお金もあっという間になくなりました。

生きるためにダンサーに

たまりかねて私は18歳のとき父の実家を飛び出し、知り合いとルームシェアして暮らしはじめました。デパートのアルバイトの仕事を半年ごとに契約更新しながら、あちこちのデパートを転々としました。最初は子供服の担当、次にジーンズ売り場、安売りコーナーも担当しました。デパートの仕事は楽しかった。

デパートの警備員をしていた男性Sと、そこで出会いました。一緒にパーティーに行って、私は初めてお酒を飲んで、襲われました。無理矢理でした。騙されたと思いました。酔っ払ってふらふらだったし、私は痩せてガリガリ、力もありません。Sは大きい体。抵抗できなかった。妊娠してしまったけれど、堕《おろ》したくない。シングルマザーを保護してくれるところがあるので行こうかと思いましたが、産んだら赤ちゃんをとられると聞いて、やめました。とられるのは嫌でした。だから、古い考え方だけど、Sのことは好きではないけど結婚しないといけないと思っていました。つわりがひどく、デパートの仕事を続けられなくなりました。Sとは結局結婚はしませんでしたが、2年ほど一緒に暮らして別れました。

ちょうどそのころ、私にはめっちゃ仲が良かった友だちがいて、その友だちのつながりで、日本男性と結婚して熊本で暮らしているというフィリピン女性に出会ったのです。彼女が可愛いハーフの子どもを連れて、ちょうど日本からフィリピンに帰国しているときでした。

彼女は私に「あなた、シングルマザーで大変だよね、どうするつもりなの」と尋ねました。私は「近所の市場で安い給料で働いている」と言い、「私も日本に行きたいです」と冗談っぽく言ったのです。彼女は「じゃあ私が紹介するわ」と言いました。私が「お金がない」と言うと、彼女は「お金はいらない。毎週50ペソもらえるよ」と言いました。

以前から日本には関心があり、母が亡くなった後、実は日本に行くためのオーディションを受けたことがありました。だけど父方の親戚からも母方の親戚からも反対されました。日本に行ったら体売ることになるんやで、と言われて。それやったら私も嫌やわと思い、オーディションには受かっていましたが、断りました。当時、日本に行って働くと結局売春することになると信じられていました。しかし、彼女は、それはない、するかしないかは自分次第だと言いました。日本では無理やりさせられることはないと。自分の給料で満足するなら、しなくてもいい。彼女の説明を聞いて安心しました。すぐ「お願いします」と私は言いました。

私は彼女にUエージェンシーという会社を紹介してもらい、社長のUさんの家に住み込んでレッスンを受けることになりました。住み込みだと食事も家賃も全部タダだったから、それがありがたかった。それに週に1回50ペソもらえた。それは実家に帰る交通費のようなものでした。まあ、結局、あとで給料からそれも引かれているんだけどね。息子は妹に預け、週末だけ実家に帰りました。

その当時はARBの免許（Artist Record Book：芸能人登録手帳）を取らないと日本に行けなかった。だから免許を取れるように、クラシックバレエとか、踊りを基礎からちゃんと習いました。一緒に住んでいた訓練生はめっちゃ多かった。50人ぐらいはいたかな。ベテランさんはお金ができたら出ていきました。日本に行ったことがない人はだいたいそこに住み込んでいました。住み込みは、お金がない人が優先でした。

住み込みをしていたとき、先輩や先生の服を私が洗って小遣いをもらっていました。私は住み込んでいる限りは、食費はかからないし50ペソもらえる。でも息子の食費はない。服を洗わせてとお願いして、1人1週間100ペソぐらいだったかな。たまに先輩がチョコレートをくれてね。それを週末家に帰るときに息子へのお土産にしていました。洗濯で稼いだお金は、息子のミルク代にと妹に渡した。少しでも稼げてうれしかったのを覚えています。今思い出すと、よくそんなことができたな、って自分でも思う。人のおかげもあるけれど。当時20歳だった。

それまではダンスはしたことがなかった。むしろ歌のほうが好きだったので、まさかダンサーになるとは思わなかった。でも生きるためにね。修行時代は、辛かったけれど楽しかったです。ダンスでだんだん体が動くようになって、自信もついてきて、私にはもうこれしかないと思うようになりました。

来日前に、日本語と文化をほんの少し勉強しました。1時間か2時間ぐらい。先生がいて、テストもあった。海外で働くには、POEA（フィリピン海外雇用庁）の許可が必要で、そのための試験を、フィリピン政府が法律に基づいて実施しています。もっと昔は何も免許がなくても行けましたが、日本の法律が変わってから厳しくなりました。本当にダンスの専門家がジャッジします。何回も落ちる人もいますが、あきらめない限り受験できます。私は1回で受かった。ギリギリだったけれど。

日本にやってきた喜び

初めての仕事先は岐阜県可児《かに》市というところでした。岐阜へ向かうために、マニラから乗った初めてのフライトのことは今でも覚えています。機内で赤ワインを何杯も飲んで酔っ払ってしまって、岐阜に着いたとき、地面にキスをしたの。うれしくて。なんだかんだあるけれど、これは私にとってチャンスだと。稼げる、と思いましたね。

日本に着いて最初に行ったところは100円ショップ。とりあえず生活に必要な物を揃えるためでした。手渡される生活費は1日500円。給料は帰国の飛行機に乗るときにしかもらえないんです。それも5カ月分まとめて。半年の契約期間のうち1カ月分はエージェンシーの取り分です。それは契約時に了解していたことです。

1日500円は一人で使わず、みんなで1週間分をまとめて買い物してやりくりしました。残ったお金は家族に送ったり、身の回りのものを買ったり。20人ぐらいでまとまって住んでいました。掃除、料理など、順番に担当しました。お風呂も順番で、2、3人が一緒に入っていました。そんなスタイル。楽しかったです。

初めての経験が多かった岐阜は忘れられないですね。米も、肉も、食べ物が美味しくて。いちばんハマったのは、インスタントの焼きそばとカップうどん。チョコレートを買ったときはうれしくて「夢みたい！」と思って、ベッドの上でチョコレートを並べました。私、日本に来たときは45キロしかなくてガリガリだったけれど、岐阜で美味しいものを食べて5キロ太りました。すぐには一人で食事は行けませんでしたが、ラーメンとか、先輩の「同伴」に一緒に連れていってもらったりしました。

失敗もありました。車の後ろに乗ったとき、シートベルトの仕方がわかりませんでした。フィリピンではシートベルトをしないから。「シートベルトをして」と言われたとき、ベルトを引っ張りだして結んだんです。目的地に着いて「降りて」と言われたけれど、ベルトが外せなくて。「あんた、なにやってるの」と笑われました。自動ドアもわからなくてぶつかったりして。そんなことも忘れられない。

お店にはステージが設置されていたけど、小さなところばかりでした。せいぜい入って20人から40人くらい。鹿児島と大分、神戸の新開地のお店も小さかった。お店は早くて夜7時ごろからスタート。終わる時間はいろいろですが、深夜1時とか2時かな。鹿児島のお店では深夜

2時が一応閉店時間でしたが、お客さんがいる限りはやっていました。休みは月2回しかなく、めっちゃ働かされました。岐阜のときはちゃんとダンスしていましたが、お酒が入ってしまうとみんなバラバラでした。ダンスをしないといけないところもあったけれど、まったくしないところもありました。静岡の店ではまったくダンスせずに、ホステスメインでした。契約のときには聞いていなかった。私は日本に行ったことがなかったので、「同伴」とか「指名」とか、お店でお酒を飲まなければいけないとは知らなかった。日本人は優しいとか、めっちゃチップくれるとかしか聞いてなかった。

英語が少しは通じると思っていたのに、日本人のお客さんはまったく通じませんでした。彼らが話せるのは、せいぜい「あいらぶゆー」とか「あいうぉんちゅー」とか「さんきゅう」とか。あははは。

毎回新しいお店に行くと、驚くことがありました。社長が違うからシステムが違う。神戸と大分のお店がいちばんよかった。神戸のお店は同伴もアフターも禁止だったから、守られている感じがした。気も楽だった。静岡と鹿児島は厳しかった。だって必ず同伴しなきゃいけなかったから。

静岡では社長が九州出身の人で、すごく厳しかった。社長の家に住み込んでいたので、「同伴」

できなかったら、何台もある社長の車の掃除を命じられました。寒い時期にも容赦ありませんでした。家の掃除をさせられることもありました。

鹿児島も大変だった。店長が、同性愛者の50歳くらいの女の人だった。私は太りやすい体質だったので、仕事が終わってから絶対に食事をするなと言われました。店長も一緒に住んでいたのでチェックされました。携帯も持ったらだめ。電話するなら公衆電話で10円玉を入れてかけなければいけなかった。朝起きたらお客さんに電話しなければいけなかったのですが、そのときも公衆電話でかけさせられました。店長は酒が好きで、酔っ払ったら、私たちを物のように扱いました。嫌がる女の子をトップレスにさせたり、掃除をさせたり、長いミーティングをしたり。ミーティングといっても、説教です。自分がしゃべりたいだけ。眠くてうつむいてしまうと、包丁で脅されたり、庭木の剪定をさせられたり。パスポートも取り上げられました。私は、毎日毎日帰りたいと泣いていました。地獄でした。お客さんは優しかったけれど。嫌な思い出です。契約期間が終わったときはほっとしました。

契約のない期間はひたすら練習をしてオーディションを受け続けました。毎回半年間の契約で、7回契約更新をし、正味合計3年半をダンサーとして仕事しました。最後のタレントの仕事になったのは、神戸のCというお店でした。ボロくて、エレベーターもないお店でした。でも神戸がいちばん。すべてよかった。仕事も、そのときのチームも、社長も。心があたたかくて、外国人に優しかった。

日本人男性の裏切り

一人だけ、長く付き合った彼氏が静岡にいました。私より19歳上。彼は当時40代前半でした。休みのたびに会いに行っていました。彼がいるからという理由で、静岡は2回契約しました。その彼から「タレント辞めて」と言われました。鹿児島の契約が終わったら俺がちゃんと面倒みるからと。私が26歳のときでした。

だけど、彼は途中で消えたんです。フィリピンに何度も来てくれて、息子も可愛がってくれたし、彼はバツイチだけど独身だったし、私もこの人と一緒になるのかなと思った。ローンだったけれどフィリピンに家を買ってくれた。ところが家のローン返済の途中で消えました。確かにプロポーズはなかったけれど、一緒に暮らそうと言ってくれていたのに、私がフィリピンに帰国している間に連絡が取れなくなりました。

病気になっているんじゃないか、亡くなっているんじゃないか、とめちゃくちゃ心配しました。オーディションを受けて、再び神戸に来ました。そしたら神戸にいる間に、彼と連絡が取れるようになった。生きているとわかってうれしかった。でも、腹も立ちました。彼は仕事が変わったから給料が下がって家のローンが払えなくなったって。私とよりを戻したいと言いました。ところが彼が消えた原因は、結局浮気でした。女性のせいで消えたんです。私はお金のために付き合っていたわけではないから、やり直そうと思っていたけど、嘘をつかれたらもう無理。なんでそんな仕打ちするん。めっちゃ怒りました。裏切られた。心がボロボロになった。子どもがおらんかったら自殺していたかもしれない。子どものために生きていかなあかんと思った。キッパリ別れました。

神戸のお店Cでの契約終了後、いったんフィリピンに帰りましたが、Cから指名があり、2週間で再び神戸に戻ってきました。

そのときには月千ドルの契約になっていました。それが契約金額の上限でした。ところが2005年、興行ビザの取得条件が厳しくなって、もう日本に来られなくなりました。ARBの免許も取れなくなり、介護か看護でしか日本には来られなくなりました。それはショックでした。どうしよう。まだ子どもも小さいし、彼氏とも別れたし。どうやって生きていこう。契約終了後、仕方なくフィリピンに帰りました。

そんなときに神戸のお店のお客さんだった男性Kからプロポーズされました。まだ静岡の彼と別れて1年も経っていないころでした。彼は私より17歳年上で、一度も結婚したことがなかった。自分の家もあるっていうし。私、めっちゃ考えました。Kとは付き合ったことがないし、好きではありませんでした。愛はなかった。

私の家には私の息子と、異父兄、そして妹夫婦も同居していました。そこに仕事をしていない父も同居するようになりました。父が再婚した女性はクスリをやっていていい加減な人で、父の面倒をみなかったんです。とにかく家族みんなお金に困っていました。フィリピンで働いていたら家族を支えるのは無理だな。でも、私も子どもの面倒をフィリピンの家族にみてもらっているし。どうしよう、いろいろ考えました。結局、家族を私が一人で抱えてしまったんです。どうしようもなかった。

偽りの愛

泣きながら。心は泣きながら、プロポーズを受けました。Kは私を愛してくれているはず、だから、もしかしたら私も彼のことを好きになるんじゃないかな。そう思って結婚しました。

Kは2回フィリピンに来てくれて、父に挨拶してくれました。フィリピンで婚姻のサインをし、証明のために写真を撮って、家族だけで普通のレストランで食事をしました。家族のために、生きていくために。しょうがないと決断しました。

神戸市長田区で彼と住み始めました。普通の恋人同士のように付き合っていなかったから、一緒に暮らし始めて、いろんなことを発見した。Kには借金があった。「お金がないから働いてくれ」とすぐに言われた。嫌なら働かなくてもいいけれど、あなたの家族の分まで負担するのは無理やでって。借金は、フィリピン人の元彼女のために使ったお金だと言うのです。そんなことも、結婚後に初めて聞かされました。もともとその子と結婚するつもりだったのに、彼女が消えた。フィリピンに追いかけていって探したけど見つからなかったたって。

「別に夜、働いてもいいんじゃない」と、めっちゃ冷たく言われました。ちゃんと付き合っていなかったから、そんな人だとは思わなかった。彼は人間好きじゃないし、うつ病ももっていたし、友だちもいない、ちょっと変わった人でした。だからそれまで独身だったんじゃないかな。子どももいらないと言われました。

節約してと言われ、お金もあまりもらえなかったので、私は再び夜に働き始めました。私も一生懸命、いい夫婦になろうと努力した。私はどうしても仕事で夜遅く帰ってくる。たまにはKと話したいけれど、話しかけようとすると明日早いからと拒絶されました。どこか行こうと誘っても、自分は酒を飲んでいるから行かないと言ったり、外へ出かけたとき手をつなごうとしたら振りほどいたり。自分中心な人でした。

私は、息子をフィリピンから呼びたかったけれど、Kには「無理、お金がない」と言われ続けました。それでも一度日本に私の父と息子を呼び寄せたことがありましたが、そのとき、彼は家を出たんです。緊張するからと言って、息子たちが到着する前に自分の母親の家に帰ってしまった。その後、一度も顔を出さず、挨拶もしにこなかった。私は父に嘘をついて、夫は遠いところで働いていて、単身赴任だから不在にしていると言ったんです。このときのKの態度が許せなかった。

また、Kは家のものを触ったらダメだと私に強く言いつけました。床や壁に傷がついていたら私が怒られた。傷がついたら、家の価値が下がって安くなると厳しく言われました。「この家はおまえの家ではない」と。結局5年間一緒に暮らしたけれど、私はギブアップ。家を出ました。夫婦関係も1年ちょっとだけ。無理だった。

以来、離婚しようと私はたびたび言っていますが、彼は逃げています。在留資格は「永住」

が取れたのですが、私も結婚する相手がいないから、ずるずるとこの状態を続けています。もう別居して10年経ちますが、お義母さんにも挨拶に行かなあかんときもあるので、たまに彼と会っています。まだ戸籍上は夫婦だけど、一緒におったら喧嘩になる。でもいつか戻るかもしれない。彼に情があるんです。まだ旦那さんやし。なんというか、家族というか。どうやって言ったらいいかな。義務かな。

私、Kに感謝しているんです。いろいろありましたが、あの人のおかげで日本で頑張れているから。向こうも反省しているし。一緒に住むのは考えられないけど。私のほうが彼の様子が気になる。彼は変わっているし、友だちおらんし。心配になる。だから、会って自分の気持ちを試しています。戻れるんかなと。別居期間が長くなっていますが、向こうは離婚の話からは逃げる。話をしようとしたらそらす。Kは今61歳。なんていうのかな、ずっとつながっていたいんだろうね。ときどき「帰ってきて」とも言う。彼は愛し方がわからないだけじゃないですかね。そういう人もいる。ちょっと変わっているけど、悪い人ではない。

私たちが結婚したとき、私は彼の「力」（日本人男性であること）が必要だと思った。Kと結婚するのは、フィリピンの家族のため、と。私は困っている人。Kもある意味で困っていた人。彼もきっと、私のことを愛しているというのとは違っていたのだと思う。お互い、無理やりというわけではなく、受け入れられる範囲だったからじゃないかな。

息子と家族を養うために

Kと一緒に暮らしていたころから、夜はスナックで働きながら、昼間は介護の仕事もしていました。昼も夜も働いた。これほど働かなきゃいけないと思ったのは、フィリピンの家族が大学に行くようになって、もっと大きなお金が必要になったからです。子どもたちが小さいころは月に3、4万円ぐらいでしたが、このときは11、12万とか送っていました。学費は別でね。父の薬代も入れて。私以外だれ一人働いていなかったので、なにからなにまで私が背負っていました。

最初に日本行きが決まったとき、息子を妹に預けようとしましたが難しかったので、仕方なく息子の父親Sに子どもを預けたんです。そうしたら、Sは自分の遠い田舎の親戚に子どもを預けてしまった。ネグロス島（フィリピン中部のビサヤ諸島にある島）という電気も通っていないところでした。途中、馬に乗らないと行けないところもあり、私が一人で行くのは無理でした。何度もSに「息子を連れてきて、お願い」と言ったけれど、知らんと言われ続けました。

なんとか息子に会えたときには、もう息子は5歳近くになっていました。2年半ぶりの再会でした。悲しいことに、息子は私のことがわからなくなっていました。言葉も通じなかった。息子が話すのは、ネグロス島で話されていたビサヤ語。私はビサヤ語がわからない。再会できたとき、うれしくて泣きましたが、複雑な感情も込み上げてきました。息子に悪いことをしたと心から思いました。自分を責める気持ちと、うれしい気持ち。

息子は最初、ずっと泣いていたんです。ホームシックになってね。私のことがだれかわからないし、私がママだよって言っても、目をじっと見るだけ。ネグロス島とは食べるものも違うからか、ハンバーガーよりもシンプルなパンを好んだり。私は心が痛かった。日本で働く私に代わって、妹が息子にタガログ語を教えてくれ、息子は少しずつタガログ語が話せるようになりました。

当時、日本にいる私と息子とのやり取りは、手紙か、声だけの電話。それでも、息子の存在のおかげで、私は日本で頑張ることができました。息子は今フィリピンで暮らしています。一度、彼が16歳のとき、日本で3年間のビザ（永住者の配偶者等）を取得して私と一緒に暮らしました。しかし、結局ほとんど私が家にいなかったので、いつも留守番ばかりの息子はホームシックに耐えられず、自分からフィリピンに帰らせてと言いました。また、彼はエンジニアになりたいから、フィリピンに帰って大学に行きたいとも言っていたので、帰らせました。結局、1年ほどで彼は帰国しました。

息子は今25歳になり、メッセージアプリでほぼ毎日ようにやり取りしています。私の仕事のこととか、息子の仕事の悩みとか、映画の話とか、彼女の話とか。すっかり自立して大人になったからもう安心。

でも、本当は今すごく寂しい。去年フィリピンに一時帰国したのですが、息子も大人になって、妹も新しいパートナーを見つけて子どもも生まれた。異父兄も独立して自分の会社を作った。私の役割が終わったのが、ある意味ではいいけれど、本当に寂しくて。私の居場所がなくなった。みんなそれぞれの居場所を見つけた。私は一人。これからどうする。このまま一人でいいのか。相手がいないから、別居している夫のところに戻ろうか。フィリピンへ帰ろうか。今一番の悩み。気持ちは半々。日本にいてもいいけれど、一人は寂しい。フィリピンへ帰っても一人になりそうな気がする。みんな育っていて、それぞれ自分の人生があるのはわかっている。それぞれの生き方をリスペクトしている。なにも言うことはない。息子にも自分の好きなように生きなさいと言っています。私に気をつかわないでと。

日本のいいところ、悪いところ

日本で20年以上暮らしてきて、辛いこともあったけれど、日本には本当に感謝の気持ちが大きい。フィリピンは愛している、私の国。次は日本。私の人生の半分は日本。素晴らしい国。よくないところもあるけれど、それはどこも同じ。

日本で暮らしたことはすごい勉強になった。日本は時間に厳しいので自分も厳しくなった。昔はフィリピンタイムだったけれど、今はジャパニーズタイム。マナー、エチケットもね。フィリピンはマナーがちょっとよくないところがある。

フィリピンの男性と付き合った経験は1回しかないので、比べられないけれど、日本の男性は飽き性やなと思う。日本の男性はやっぱり仕事が一番。フィリピンは情熱的な国だから、フィリピン人は家族のため、好きな人のために仕事を頑張ります。日本人男性はまず自分のこと、次に仕事、その次が家族。

私はそんな日本人男性としか出会っていないんですよね。そういう仕事やから。真面目な人とは出会っていない。よく人から聞くのは、結婚したら、奥さんのことはパートナーではなくお母さんとしか思ってない、ということ。フィリピンの女性は、夫から女として見られないのは寂しい。私はそういう立場は嫌。フィリピンの男性はいつまでも奥さんを抱きたい。もちろん浮気する人はいるけれど。女として見ていない人は少ない。フィリピンは、ワイフ＝パートナーという考え方。日本人男性は奥さんを「お母さん」のように思っている人が多い。私は嫌やな。

フィリピンでは家族はとても大事な存在。家族のために生きている。それは普通のこと。何があっても家族がいたら乗り越えられる、帰るところがある。だからあまり自殺はない。神様の次は家族。家族がいないなんて考えられない。そうでもない考え方もあると思うけれど、でもあまりそういう人に出会ったことはない。喧嘩しても仲が悪くなっても、最終的には家族に戻る。フィリピン人は愛情深いんです。

日本の家族の考えはちょっと違うと思う。人に迷惑をかけないという考え方が基本にある。親に迷惑かけない、子どもに迷惑かけない。頼らない。それもいいかなと思う。でもよくお客さんに言われるんです。「親を大事にしてるね。あなたのお父さんが羨ましいわ」って。仕事をしない父は私にとって負担だけど、愛があるから。父と母のおかげで私は存在するから。そうやって私は育てられた。「親を大事に」というカトリックの考え方。

母に毎週日曜日に教会に連れていかれていました。親を大事にしない人は幸せになれないって小さいときから言われてきたので、なにがあっても親は親。悪い親でも。昔はお祈りも真面目にやっていましたね。でも日本に来て崩れてしまった。夜の仕事をしているからできなくなってしまったんです。でも今でも寝る前には必ずろうそくをつけて、マリア様とキリスト像にお祈りする。1日ありがとうと。毎週は行けないけれど、ときどき教会に行く。行かなければと思ったときには必ず行く。あとクリスマスと正月、誕生日も。フィリピンの人々には深い信仰があると思います。

私はこれまで我慢してきた。どこにも遊びに行っていないし、ぜいたくもしていない。家族5人の面倒をみてきたけれど、やっと今、自分の時間ができた。人生は短い。自分はよく頑張ったから、これからは、行きたいところへ行こうと決めました。私ももう思うように生きていいころでしょ。

Sampaguita 5

愛さん

2022年3月、東日本大震災に関するある新聞記事の中で、避難所で「娘のためにミルクが欲しいと伝えることができなかった」と話すフィリピン女性、愛さんのことを読んだ。彼女は東日本から引っ越して、今は神戸の北に隣接する三田市に住んでいるという。ぜひ彼女の話を聞きたいと思い、彼女が通う教会の関係者の方を通じてコンタクトを取った。「喜んで」という返事が届いたので、すぐに日程を決めて彼女の仕事場を訪ねた。

田園風景が広がる小高い丘の上、白い外壁の建物。にこやかに迎え入れてくれた彼女の事務所には、自身が運営する英会話教室とフィリピンの食品や日用品を扱うお店が併設されている。お店の中にはフィリピンの人々が交流できるサロンスペースが設けられていた。

教育者の両親のもとで

私はフィリピンのセブ島のラプラプシティで1980年に生まれました。父は小学校の先生で、母は保育園の先生でした。母は1年前に亡くなりましたが、父は今でもセブ島にいます。きょうだいは4人で、いちばん上が姉、そして私、下に弟と妹がいます。両親、きょうだいとも仲がよい家族でした。

普通の学校に行って1年生から6年生まで、父も同じ時間に出勤して帰宅するという感じで、母は子どもたちよりも早く帰宅する感じでした。小さな喧嘩はありましたが、両親は大体仲がよかったですね。小さいころは他の仕事をしたいなと思ったこともあったのですが、教育関係だった両親の影響のせいか、大学では教育学を専攻しました。

姉は、私にとって憧れでした。姉は今フィリピンで小学校の先生をしています。弟は船舶のエンジニアの仕事をしていて、今はフランスの船に乗っています。船が変わると仕事をする国も変わるようです。今はコーンなどの肥料を運搬しています。弟が帰国するのは2年に1回なので、それに合わせて私も帰国します。妹は看護師で、カナダで看護師を2年間しましたが、母が病気になったのでフィリピンに帰りました。他の人の世話をするより、母の世話をしたいと言い、母が亡くなるまで6年間看護しました。みんな、なりたい仕事についています。
フィリピンでもきょうだい喧嘩はよくありますが、私たちはそれぞれとても忙しいので、喧嘩する暇がないですね。お互いの考えがずれる暇がない。姉も私も仕事で忙しく、連絡を取るときでも「元気？」「体大丈夫？」ととても短いやり取りで済ませてしまいます。妹は母の介護による心労から、しばらくの間は体調不良でしたが、母が亡くなって今はゆっくり暮らしています。大変だったと思いますが、自分の時間がもてるようになりました。

子どものころのフィリピンの経済状況はあまりよくなかったので、治安は悪く、怖いこともありました。私が小さいとき、私の母は保育園の先生をしながら、家でちっちゃいサリサリストア（家に併設した日用雑貨店）を経営していました。そのサリサリストアが3人の強盗に襲われたことがありました。姉が小学校2年生だったから、私は幼稚園ぐらいのときかな。一人はピストルを持ち、一人は包丁を持っていました。家には母と、私と姉と弟がいましたが、強盗の一人が私の服をつかんで引っ張り、母の服も引っ張ってぐちゃぐちゃになっていました。母のサリサリストアは、近所の他のストアと違って食べ物を扱っていました。それで狙われたのだと思います。うちのストアには現金があると思われたのです。彼らは押し入ってくるなりピストルを発射して私たちを脅しました。3人は顔を黒い布で隠し、服も全身黒でした。手袋も黒でした。一人の持つナイフが光っていました。「動いたら刺すぞ」と。3人きょうだいで固まりましたが、母は抵抗して彼らに「やめて！　やめて！」と叫びました。姉は母に「もういいよ！」と抵抗を止めるようにいい、犯人たちには「好きなようにとって」と。一人が私たちを、もう一人が母を、動かないように見張り、残る一人が店のものを袋に詰めて、逃げていきました。ものすごく怖かった。今でもそのシーンは頭に焼き付いていてはっきりと覚えています。しっかり者の母はその後もサリサリストアを続けました。

そんな母も1年前に亡くなりました。私は日本で娘や夫とどれだけ喧嘩してもフィリピンに帰りたいと思ったことはありませんが、母が危篤状態だったときだけは、フィリピンに戻りたいと思いました。母にはなんの恩返しもできずじまいだったから。

フィリピン学校教育の苛烈な競争

子ども時代は「競争」があって大変だったという思い出が強いです。日本と違ってフィリピンの学校では何かにつけて競争があるのです。日本は、例えば小学校では順位をつけられないじゃないですか。だから競争がないでしょう。でもフィリピンでは1年生のときから1、2、3番と順位づけされるのです。

卒業するときも1、2、3番と書かれた順位のカードを渡されるんです。子どもたちは小さなころからめっちゃプレッシャーをかけられるんです。学校の先生の判断なので、子どもが頑張って「私が1番だ」と思っていても、先生の主観で決められてしまいます。一生懸命に競争しなければいけないことが子どもたちにはストレス。私も1年生や2年生のときは2番、3番になれても4年生になると急に勉強が難しくなって、その順位を取れなくなりました。急に成績が落ちるのは嫌やなあ、という気持ちがあるから、夜遅くまで勉強したり。自分が遊びたいとか、したいことを後まわしにして勉強しなければならないのです。

今、日本で学校に通っている娘を見ていると、私の子どものころと全然違う。私は娘の環境のほうがいいなと思う。フィリピンではテストは75点以上が合格で、74点以下だと不合格なので、点数が赤字で書かれます。全部の科目の中で一つでも赤字の点数があると進級できないのです。しかも担任の先生が怖いんです。担任の先生の判断で「あなたは落第だからね」と言われるのが怖い。だから、自分が頑張っている姿を担任の先生に絶対見せなあかん。公立も私立も同じ考え方で教育しています。

6年生になったら児童代表を選びますが、必ずトータルで90点以上の子どもから選びます。立候補している子どもたちが3人いたら、全員90点以上だなと全児童から見られます。児童代表になったら加点されるので、さらに競争があおられます。中学校に進学してもさらに競争は続きます。大学に行ったらあまりないのですが、やり方は同じ。競争もありますが、大学になると子どもたちの考え方は大人に近くなるので、負けたくないという競争心は少しずつなくなる。中学までは、競争心が強いのであの人には負けたくない、という思いが強い。1番で入学すると、2番に落ちるのが怖いのです。ご飯が食べられなくなったり、外に出られなくなったりすることもあります。すごい、むっちゃプレッシャー。まだ子どもなんだよと思います。だから日本のやり方のほうがいいなと思います。フィリピンにも塾はありますが、ほとんど行かないです。学校の勉強だけでも大変なので、塾の宿題はできません。

最近はフィリピンの多くの先生は、子どもたちがかわいそうなので、ほとんど75点以上の点数をつけるようになりました。ただし、76、75点は青色で書かれて「次は頑張りなさいよ。落第しますよ」と注意を促されます。

今、「子ども多文化共生サポーター」として日本で子どもたちの学習支援をしていると、フィリピンから日本にきた子どもたちに、私は聞かれるんです。「先生、私は日本語がわからない。

書けない。私は74点なのですか？」私は笑って「ここは落第はないよ！」と答えます。子どもたちは自分が進級できないのではないかと、とても心配していますが、私の言葉を聞いてほっとします。子どもを安心させることがサポーターとしての私の仕事です。フィリピンから来日する子どものほぼ100パーセントが、この質問をします。

日本もそうですが、教育の仕組みが変わることがときどきあります。フィリピンでは従来、英語中心で教育が行われていたのですが、コラソン・アキノ大統領の時代以降、タガログ語(フィリピノ語）が入ってきました。だから、昔の私たちは全部の教科の授業を英語で受けていましたが、今は社会と道徳がタガログ語になりました。最近、フィリピンで先生をしている姉が使っていた教科書を日本の学校の子どもたちに見せるために、日本に持って帰ってきました。算数も英語とタガログ語の両方のテキストがありました。

もうひとつ、外国語を増やすという変化がありました。小学校では、もともと英語とスペイン語がカリキュラムに入っています。中学校になるとさらに日本語、中国語、韓国語の中からもうひとつ選ぶようになっていて、それぞれの国の文化も勉強するようになっているようです。そうしたところがプラスの変化になっています。

私は教育のことは興味があるので、帰国したら必ず学校の先生をしている友だちに連絡をして「行ってもいい？」と頼んで、見学に行っています。フィリピンの学校を見学したことがありますか？　セブ島の学校では予約をすると外部の人も見学することができます。父も元小学校教員でしたし、姉は現役だから案内できますよ。実は、兵庫県の三田市や丹波篠山《たんばささやま》市の教育関係者や、中学校の先生をお連れしたこともあります。日本の教育関係の方と一緒にフィリピンに行って見学させてもらうと、必ず全校生徒の前で挨拶をさせられるんです。その場では日本語で話してもいいのですよ、私が横で通訳しますので。するとみなさん、忘れられない経験になったと言います。

教員を目指したけれど

大学は地元のセブ大学に進学しました。フィリピンでも最大規模といわれる大学です。クラスの友だちの多くはメディア関係のコース、例えば新聞記者とかアナウンサーとかＤＪのコースに進みたいと言っていましたが、私はそのときは何をしたいか決まっていませんでした。１年生はどの専攻もほとんど科目は一緒で、２年生になってから専門に分かれるからそのときに決めたらいいじゃない、とクラスメートからは助言されました。

2年生になって、私は結局メディアのコースを選びませんでした。さてどんな仕事をしようと考えたときに、子どもが好きだったので父のように学校の先生になろうと決心しました。社会において教育は絶対なくならない仕事だと思ったのです。それで教員を目指しました。教員になるのは狭き門ですが、決して給料はよくありませんでした。今は上がって月給3〜5万円になっていますが、私が大学を卒業するころは、教員の給料は月に1万円ぐらいでした。

実際、卒業しても先生になるのはかなり難しかったのです。教員免許を取得したあとに、赴任希望の地域を選んでも、どこの島に行かされるかわからない。うちの父の時代は学校がいっぱいで先生が少なかったからすぐ着任できたけれど、私の時代になると、教員免許を取得した人も増えたため、採用されるにはとても厳しい競争になりました。それでも、後ろ盾やコネクションのある人、あるいは「袖の下」など、そういうのも含めた推薦のある人は、すぐに採用されました。なにか花や食べ物を持って、偉い人のところに行って自分を優先してもらう。でも私はそういうのが苦手で、自分の力でいきたかったのです。実は父のきょうだいはみな学校関係に勤めていましたし、父の弟の妻は教育委員会の代表でしたので、私が叔母さんに頭を下げて推薦してもらうことも可能だったと思います。私はそれが嫌だった。自分の力で採用を勝ち取りたかった。

だから、ゆっくり探したらいいやと思っていました。そんなときにメディア関係に進んだ友だちから、こんな仕事あるけどどう？　と紹介されたのが、夫との出会いの場にもなったカジノの仕事でした。

カジノはホテルの中にあり、出勤日は木曜日、金曜日、土曜日、日曜日で、イベントのある水曜日もときどき出勤していました。あるとき、イベントのビンゴで司会をしてみたらと言われてやったところ、お客さんから評判がよくて、毎回担当するようになりました。カジノにはいろんな仕事があり、私は現金とトークン（カジノで使われるコインなどのこと）を交換するのが主な担当でした。カジノ会場でカートを押しながら、お客さんの間を歩きながら現金とトークンを交換するのです。仕事は難しくはありませんでした。

望む仕事がないからといって、ただブラブラしていたら時間を無駄にすることになってもったいないので、なんでもやってみたほうがいいと頭を切り替えました。給料は悪くなく、それでも暮らしていけるとは思っていましたが、カジノは一時的なもので一生の仕事ではないと見切っていました。カジノがつぶれたら、あるいはホテルがつぶれたら、私は仕事がなくなってしまうと頭にありました。

カジノの仕事は夜だったので、日中は時間がありました。それで、母の勤めていた保育園に手伝いに行くようになったのです。「保育関係の仕事だったら勉強になる」と母に勧められて、日中の3時間、保育園で仕事をしていました。

夫との出会い

カジノの仕事を始めてたぶん半年くらい経ったころかな、私がディーラーをしていたとき、日本人の男性がカジノに遊びにきていました。「こんにちは、いらっしゃいませ」と私は英語で挨拶をしました。最初はその挨拶をしただけです。その後はまったくなにも連絡はありませんでしたが、4カ月後にまた彼がカジノに来たんです。「家はどこですか」などと、いろいろ聞かれ「あなたのことが気になるから、ご飯でも行きませんか」と誘われました。それで何度かご飯を食べにいって、その人と付き合うことになりました。

彼はトラックの運転手をしていました。最初に挨拶をしたのが8月、2回目は4カ月後の12月、そして翌年の3月にもフィリピンに来てくれました。このとき、私はひどい頭痛と体調不良で入院していて、カジノにはいませんでした。それを彼は店長に聞いて、病院まで私を探して会いにきてくれたのです。日本の果物をお土産に持って。私のことをそれほど強く思ってくれてるんやなと思いました。その後、すぐ結婚しなくてもいいから、日本に来てほしいと言われました。驚きましたが、私は、大学で学んだ教育関係の仕事が日本でできるなら結婚してもよいと思いました。彼は私の家に来たときも家族みんなとわいわい過ごせていたので、彼と家族になることが自然な感じになりました。私の家族も、彼が優しいとか、私を託しても大丈夫と思ったようです。それで家族もオッケーしました。

彼が、結婚していなくても私を日本に呼び寄せることができると言ったので、まずは婚約者として短期滞在の在留資格で来日しました。そして日本で結婚しました。

出会った当初、彼との会話はタガログ語と英語がメインでした。夫は自分のできるカタコトの英語でしゃべりましたが、そのうちに英語がずいぶんできるようになって、私は日本語を話せるようになって、2言語を混ぜてしゃべっていました。二人の間では、長い会話のやり取りはあまりなく、単語をつなぐ感じで話をしていました。初めは「ミズ（水）」とか「gutom《ゴトム》 na《ナ》 ako《コ》（お腹がすいた）」など簡単な言葉だけでしたが、どんどん言葉が増えていきました。夫もタガログ語を勉強しました。夫は、タガログ語の歌も覚えて、私に「歌えるよ」と胸を張っていました。努力したようです。おかげで、今ではだいぶタガログ語を話せるようになりました。私はもともと日本が好きでしたが、よくは知りませんでした。私の父方の祖母が、日本はあかんよ、ってよく言っていました。日本人はフィリピンのことをよく思っていないと。おばあちゃんも日本語が少しできるのですが、これは聞いた話ですが、戦争のときに、おばあちゃんは結婚前に日本人の彼氏がいて、その人は性格も言葉もきつかったらしいです。暴力もふるわれたそうです。まだ恋人の関係なのに。戦争中だったから仕方なかったのかもしれないけれど、人間だから。自分の子どもたちにも、日本人はあかんよ、と言い聞かせていたそうです。でも私は、頭の中では日本人が絶対だめとは思わなかった。いつもおばあちゃんの話を聞いていたけれど、私の両親はどこの国の人であっても愛情があればいい、と言っていましたから。それで決めたんです、結婚することを。もちろん不安はありました。でも彼の愛情を信じていたから、私のことを守ってくれると安心していました。

彼はひとつ年上なだけで年齢も近く、友だちのような感覚がありました。趣味や好きなものが一致していたり。ただ、彼は日本人なので違いも感じます。同じフィリピン人と結婚すれば、言葉が同じなのですぐコミュニケーションが取れますが、言葉が違うと些細な違いで喧嘩になることもあります。日本人の性格とフィリピン人の性格が違いますし。例えば他の国の人だったら、普通はみんなの前で妻のことを持ち上げるのですが、日本人は逆で、見下げるんです。こいつの料理まずいよ、とか。私が免許を取りたてで初めて運転したとき、何回やっても車のバックができないのを、他人の奥さんと比べたりしていました。うちの奥さんはアホやな、バックできないんだって、言われました。それは日本人の性格なのかなと思いました。自分が上、奥さんが下と思うことで、気持ちよく感じるらしい。

夫は私を悪く思っているのじゃなくて、レベルを上げてほしいと思っているのだろうけれど、いつも下げてくるので頑張る元気がなくなっちゃう。免許取れてすごいなという褒め言葉はまったくない。私が成功したことを褒めてもくれない。他人がおらず、二人っきりでいるときでも、ない。それは彼のもともとの性格で、フィリピンで会ったときは、隠れていて見えなかったんやろなって。付き合っている期間は長いけれど、会っている時間は短かったし、面と向かって話をした時間も短かった。裏の性格は知らなかった。だからそんな性格をわからなかったのは「しゃーない」と思った。友だちからいろんな話を聞いていると、うちとは違うなと思った。そういう家庭もあるな、うちはこれなんだなと。いろいろあるから、みんな違うからと思うようにした。ほんとはマイナスやけど、これがうちなんだとあきらめました。

話して覚えた日本語

基本的には日本人はやさしい。だけど中には「この子は日本人じゃないから、私たちはこの子としゃべらなくていいんや」と思われてると感じることもありました。

日本に来て初めて住んだのは横浜です。狭いアパートで彼と1年ほど暮らし、よく近所の小さな喫茶店に通っていました。その喫茶店を拠点にしているNPOみたいな団体があって、そのうち参加するようになりました。私はまったく日本語がわかりませんでしたが、彼らは外国人に興味があったようでした。とにかく私はしゃべるタイプなの。人と直接会って、おしゃべりをするのが好き。人の話を聞くのももちろん好きです。人の話しているのをずっと聞いているだけのときもあるし、あまり話さない人だと私が話さなあかんなと、自分がしゃべる側になります。そこから日本語がめちゃくちゃ伸びて。週に3回くらい通っていました。

喫茶店はオープンが夕方の4時で、夜の12時までの営業でした。オーナーのおばさんが夜のほうが自分は動きやすいと言って、夜を中心に営業していました。変わった喫茶店でした。その店は山下公園の近くにありました。有名な観光スポットでもあるので、公園はライトアップされていて、いろんなお客さんが来ていましたね。私は夕方の4時とか5時に喫茶店に行って、

1時間くらい過ごしてから帰宅していました。3、4人、多いときは5、6人ぐらいが集まって、コーヒーやジュース1杯で話をするんです。大体ワンパターンで、いつも同じような人と話す。新しい人がくるとその人たちとしゃべります。雑誌や新聞がたくさん置いてあって、ゆっくりできるなと思いました。1年足らずで夫の転勤が決まり、東京の足立区に引っ越してしまいましたが、ここで、日本語で会話する力が伸びました。

足立区のワンルームアパートでは2、3年暮らしました。夫は不在がちで、一人での日常生活は時間が無駄になると思ったけれど、なにもすることがありませんでした。そんな私の様子を見て、夫が知り合いのラーメン屋さんに「うちの母ちゃんになにか仕事をさせてください」と頼んでくれ、そこで洗い場の仕事をするようになりました。

ラーメン屋さんの仕事も日本語の勉強になりました。メニューを読めなくちゃならないので。例えば「定食」という漢字ですね。「ラーメン定食」のラーメンはカタカナなのですぐ読めるのですが「定食」がわからず、教えてもらって覚えたんです。新しいメニューが出ると、夫と勉強しました。あと、丁寧な言葉で話してくださいと言われました。「少々お待ちください」とかです。「ちょっと待ってください」とは言わないでくださいとオーナーに注意されました。

ここでの経験で日本語がめっちゃ伸びました。

でもやっぱり私はフィリピン人だから、「ありがとうございました」とか「いらっしゃいませ」とか言ったときに、発音が違う。「こうだよ」とお客さんから直されることもありました。あなたはアメリカで英語をパーフェクトに発音できますかと言いたかったのですが、そういう態度はその人の性格からきているので、いじめじゃないと理解しているけれど、嫌な気分になりました。

その後、仙台へ引っ越ししました。仙台での暮らしがいちばん長かったですね。仙台で車の免許を取ったのは、住んでいた場所がどこへ行くにも遠かったから。都会に行っても、子どもがいるとき、病気になったとき、すぐに連れていかなければいけないから車は必要だと思ったんです。夫はいないことが多いので、なにかあったとき自分が運転できないといけない。フィリピンでは父が運転してくれるので車の免許が必要とは思いませんでした。ハンドルを持つのは見たことがあるけれど、どうやって動かすかは知らなかった。

日本で免許を取るのは難しいだろうし、夫は取っても取らなくても構わないと言ったけれど、私は絶対取ろうと思っていたんです。仕事をするにも、車がなかったら不便やなとも思っていた。たまたま同じ地域から通っていた日本人と一緒に通ったので、勇気をもらって頑張れた。学科も全部日本語ですよね。学科の授業はしっかり聞いて、あとは家で勉強しました。この漢字はどう読むか、この標識はどういう意味かなど、一人で勉強しました。合格したときは本当にうれしかったですね。夫は特に褒めてはくれませんでしたが。

東日本大震災、感謝を伝えたかったのに

地震が起こった2011年3月11日、あの日は金曜日でしたね。群馬の友だちに会いに行く予定で、11日のお昼に仙台を車で出発して12日夜には現地に着いている予定でした。だから娘のミルクやおむつが足りなくなったら向こうで買えばいいやと思っていました。

車で出発してしばらくして、直線道路のところで前の車がハザードランプをつけて停まっているのが見えました。すると前に揺れるような感じがしたのですが、後ろの座席から運転席の背もたれを娘が蹴っているからだと思っていました。全然地震を感じてなくて。前のポールが斜めになってポンと落ちた。これは地震だと気づきました。

実は車で出発する前にも、近所の犬がいつもはあんまり吠えずおとなしいのに、その日だけ

はめちゃくちゃ鳴いていたんです。それも変わった鳴き声で「ウオーン、ウオーン」という感じでした。まだ地震がくる前です。カラスも滅多に集団で見ることがないのに、そのときは集団で飛んでいて、なにこれ、と驚いたことを覚えています。なにこれと思ったけど、出発しました。地震がくるなんてだれも想像しないですよね。

車乗って、角を曲がって。走っていると突然大きな音がしました。大きな風みたいな。そのうち車が渋滞して、進めなくなり、ストップ。見ると電柱は倒れ、建物も倒れていました。あの日はまだ寒かった。ガソリンは満タンだったけど、エンジンをかけっぱなしだったので不安だった。この場所に何日留まらなければいけないかわからなかったのでエンジンを止めました。

警察官がやってきて水を配ってくれ、必死に「動けません、じっとしていてください」と、マイクで呼びかけていました。信号も倒れていて。トイレに行きたい人は、そこで排泄したり。頭の中は真っ白。結局そこから動くことができず丸2日間、車で生活しました。

2日半経つと自衛隊が来て、道路上を車が通れるようになりました。他の車は横転したり、損傷したりしていましたが、私の車はなにも損傷がなく、ガソリンも入っていて動ける状態でした。何日間かは車で近くの避難所へ食料だけもらいに行きました。

避難所では、食料をボランティアの人たちが配っていました。寒かったので毎回、娘と一緒に避難所に入りました。娘がストーブの上のやかんを触って火傷して泣いてしまったこともありました。あのとき、日本のボランティアの人たちは、みんな言葉がわからない私にも話してくれて、すごいなと思ったのです。もっと感謝の気持ちをうまく伝えたかったんです。でも日本語が出てこなかった。だから、もっともっと日本語を勉強して恩返しの仕事ができたらいいなと思いました。日本語がもっとわかったら、ボランティアもできるし、困っている人を災害のときだけでなく、日々の生活の中で助ける活動ができると思ったのです。

仙台で借りていたアパートは震災で倒壊し、大家さんも亡くなりました。そのうちに夫が迎えに来て、一緒に2台の車で群馬に向かうことができました。そこからは私と娘も夫と一緒に群馬でしばらく暮らしました。

群馬から兵庫へ

群馬県太田市から兵庫県三田市にきたのは、夫の父の急死がきっかけでした。三田市で一人暮らしをしていた義父がくも膜下出血で倒れ、間もなく亡くなったのです。三田市の実家にはだれも住む人がいなくなってしまいました。実家に帰ったら家賃もかからないので、お金を貯めることができると言われて帰ってきました。そのころは夫の両親は離婚し、義父は別の女性と結婚していましたが、その女性と私の夫は折り合いが悪く交流がありませんでした。葬儀のときに、その女性が「自分は保険金だけもらったら、家とか他のものはなにもいらない」と言ったので、夫の兄弟で話し合い、私たちがもらうことになりました。数カ月後に三田市に引っ越してきました。車で神戸に来たときは都会だなと思いましたが、神戸に北接する三田市に入ると、太田市に似ていて違和感はありませんでした。

最初は家の管理もあって1年ほど仕事はしませんでした。翌年には、ゴルフ場のポーターの仕事をしながら、土日に英語の教室を始めました。新しく自分で教室を立ち上げたのです。

ポーターはキャディのサポートの仕事で、キャディが出る前にカートの準備をするのが役割です。英語教室は習い事なので、夕方からしか生徒さんは来ません。だから朝8時から午後2、3時までの空いた時間がもったいないなと思って、近所の人にお好み焼きを食べながら「なんか仕事ない?」って聞いたらポーターの仕事を紹介してくれました。そこから4年間、ポーターの仕事をしました。

ゴルフ場では、偉そうな態度を取るお客さんもいれば、優しいお客さんもいました。いろんなお客さんがいて、それに合わせるのが自分の仕事なので「むかつく！」と言いながら、なんとかやっていました。私はお客さんに必ず「どこの国？」って聞かれる。そして「あんた、夜どこのスナックで働いてるの？」「どこのクラブで働いてるの？」も必ず聞かれます。私は英語の先生をしています、と答えると、ええ、と驚かれます。「旦那さんいるの？」「離婚してないの？」「電話番号教えて」「名刺ない？」って言われます。ほとんどなんちゃいますか、そんなふうにフィリピンの女の人を見たら言う人が。軽い冗談か、本気なのか知りませんが。東京のラーメン屋さんで働いていたときは、どこの国出身かとは聞かれましたが、住んでいるところや電話番号を聞かれたことはありませんでした。

フィリピン人や外国人と見ると、この子は引っ掛けられるとイメージしているのかもしれません。もう慣れてしまった。最初から、おじさんたちから何度も何度も聞かれるので、次第に慣れてしまったんです。フィリピン女性はスナックかパブか、そういう仕事をしているとしか見えないのでしょう。私も日本語が思いどおりに話せるわけではなかったので、うまく反論もできなかった。この本が出たら、いろんな人に読んでもらって、そんなイメージが変わったらいいですね。

一人娘の子育て

娘はとても育てやすかったです。学校の勉強もわからないということはなくて、参観日でも個人懇談でも、「勉強はできるし、特に問題はない」と言われて育ちました。日本での子育てで困ったことといえば、診察のときぐらいかな。病院がいちばん困りました。お医者さんが話す専門用語がわからない。

それから、ママ友との付き合い方かな。フィリピンでも母親同士が仲良くなる、いわゆる「ママ友」はあります。でもフィリピンと違って日本では、幼稚園に子どもを送った後に、何人かのお母さんが集まって幼稚園の外で何時間も話をしているのが気になりました。たいてい、私は仕事があるため誘われても参加しなかったのですが、あるとき私も体験してみようと思い、話の輪に加わったのです。あのサークルでなにを話しているのだろうと興味があったためです。ところが、参加してみると「なあなあ、知ってる?」と他のお母さんの悪口を言ったり、PTA会長の態度ややり方に悪口言ったり。陰口をたくさん聞かされたのです。私が参加していないときだったら、きっと私のことも言われてるんやろうなとすごく不安で。私は次第に嫌気がさして参加しなくなりました。

私は外国人だから、あまり引っ張り込まれなかったのかもしれません。他のお母さんがどう思っていたかはわかりませんが、何週間か悩んだりしました。フィリピンでも、よそのお母さんの家まで行ってお茶するなんてこともあるそうです。うちの母が幼稚園の先生だったため、そういう話を何度か聞いたことがあります。日本もあるんだなと思いました。困ったことといえばそんなところです。

娘が小学校のときは何かわからないことがあると「お母さん、これどうやってするの?」と私に聞いてきましたが、中学生になってからは私のほうが「この漢字、どう読むの?」と娘に聞くことが多くなりました。自分のほうがよくわかると思っているせいか、娘はちょっと生意気になってきました。英語は小さいころから私が教えてきたのですが、最近は自分で勉強しているようで、私にはあまり聞いてきません。小中学校の漢字を私は一応知ってはいるのですが、あまり使わないと忘れてしまうので、娘に尋ねると舌打ちされることもあって、素直に答えてくれなくなりましたね。反抗期なんでしょうね。でもこれが続くと、私も傷つくし、いつか怒ろうかと思っています。私は娘に対して怒ったりすることはほとんどありません。もう3年間怒ってない。

ただ、可愛いところもあります。娘から年に1回、私宛に年賀状を送ってくれるのです。「お母さん、体に気をつけて、頑張ってね」など思いやりのある言葉を添えて。それがとてもうれしいです。一緒に暮らしている私にもくれるんだ、みたいな。小学4年生のときに学校の授業で年賀状を覚えてから、娘はいろんな友だちや先生方に年賀状を送っています。自分の報告みたいな感じです。絵が好きだから、絵を書いていろんなところに送っています。1年間は長いけれど、年に1回は娘からのメッセージをもらえる。毎日会っているけど、年賀状で違う気分になる。うれしい気持ちになります。

いま娘は中学2年生で、私とは日本語で会話します。娘はタガログ語の単語しかわかりません。英語は習い事として、私が教えています。娘には生まれたときから日本語で話しかけていました。日本では学校に入ると、日本語がメインになります。生活の中でもほとんど日本語です。だから日本語で育てました。

フィリピンの人たちを支える

丹波篠山市にそれほど大きくないフィリピン人のコミュニティがあり、そこで兵庫県の「子ども多文化共生サポーター」のことを聞きました。ある人から、自分は辞めるので私の代わりにやらないかと言われたのが、この仕事に手を挙げるきっかけでした。サポーターは言葉がわからない人を助けたり、日本人に私たちの文化を紹介したりする仕事です。たくさんの日本語が必要だけど大丈夫かと言われました。私は、できるかどうかわからないけどやってみたいと答えました。

最初の仕事は、悩みのある人のための相談会の通訳でした。その次に学校の授業の中に入って子どものサポートをするようになりました。ゴルフ場と英語の教室とを掛け持ちしていましたが、そのうちにゴルフ場を辞めて、サポーターの仕事を中心にすることにしました。

フィリピンでは学校の先生になりたくて教育学を勉強したのに、先生にならないまま日本に来て、残念でした。いまでは英語の先生や「子ども多文化共生サポーター」の仕事ができているので、あのとき必死に勉強した意味があったなと思います。この仕事を続けていければ満足かな。勉強したことが無駄になっていないと思うから。

今は三田市内の小学校と中学校、それから西脇市の中学校にフィリピン人の保護者対応の通訳に行っています。各校は離れているので車でまわります。今年はここ、来年はあちらの学校と、年度によって派遣される学校が変わるし、サポートする子どもの数も変わるので収入の上下があります。1年間でみると、収入が少ないときもあるし多いときもあります。フィリピンの子どもは兵庫県では芦屋市や神戸市、淡路市で増えているようですが、三田市周辺はあまり変わりません。高砂市や加古川市はサポーターの人数が少なくて私が応援に行くこともあります。

昔は三田市の教会にシスターがいて、フィリピンコミュニティがあったのですが、シスターがいなくなってコミュニティがなくなりました。丹波篠山市にはカトリック教会がないので、フィリピン人、ブラジル人、ベトナム人などが困っていますね。近くに教会があったら便利なんです。

フィリピン人の先輩が、自分は病気でもうコミュニティができないから、私にやれやれって言いました。先輩がフィリピンの食材や物品を扱うお店をやっていて、人が集まってコミュニティができたので、それを引き継いでほしいと期待されました。私はやり方がわからないので、先輩から教えてもらって、フィリピンの品を扱う専門の業者に連絡して発注し、4年前にオープンしました。オープンしたときは本当に大変でした。だから私はもう、運営に無理をしないようにしています。問い合わせがあっても電話は出ません。メールかメッセージアプリ、あるいは直接ここに訪ねてきた人にだけ対応しています。

最初はテーブルもなく、看板もありませんでした。自分の時間があるときに綺麗にしたり、スペースを広げたりして、扱う品を増やしていきました。なかなか日本で手に入らない物品なのでみんなが喜んでいます。そうそう、テクノパークという工業団地が近くにあるのですが、週末はそこで働く技能実習生の子たちが二人自転車でやって来て、店を手伝ってくれています。値札を貼ったり、在庫をチェックしたり。

普段は英語教室をしながら掛け持ちでやっているので、私が授業をしているときに買い物に来た人から「先生、お会計して」と言われることもあります。授業で、スピーキングやヒアリングのときは待ってもらっていますが、ライティングのときにぱぱっとお会計します。他にだれかやってくれる人がいたら頼みたいぐらいです。教室には親が月謝を払っているので、途中で抜けたりすると親がなんと思うか気になるのです。

三田市の教会にシスターがいらっしゃったときは、フィリピン人がグループを作って教会で月に1回集まっていました。堅苦しい集まりではなくBBQしながら、ワイワイしながらおしゃべりする楽しい集まりです。「あなた大丈夫?」「困っていることない?」とおしゃべりの中で、話を聞きます。

日本人のつくる「なんとかの会」という畏《かしこ》まった集まりにはフィリピン人は来ないです。窓口を置いて「どうぞ、相談してください」ではなくて、ワイワイしながら「最近どう？」みたいなコミュニティがいい。何か楽しいことしながら「在留期限切れるんだけど、助けてほしい」とか「この登録方法がわからないんだけど、どうしたらいい？」とか。気軽に買い物したり、ご飯食べたり、お茶飲んだりしながら、話すと吐き出しやすい。前の先輩がやっていたやり方だったんです。私も何回か参加したことがありました。あるとき、みんなが帰ったあとに、その先輩がメモをしていて、いろんな相談を記録していました。ビザが切れるとか、入管まで連れていってほしいとか、こういうのも相談に入るんだよって言っていました。私にはそれが参考になったのです。フォーマルなやり方では、本当の悩みを出しにくいんです。

グリーンバナナとかパパイヤとか、レモングラスとか、フィリピンの食材を求められることもあるので、宅配便で送ることもあります。西脇市のある小学校の相談会で、フィリピン人のお母さんが周りに話をする人がいないと言って、その場で自分のことを全部吐き出していきました。そのときに「フィリピンのものが食べたい」と言ったんです。夫や子どものことでストレスを抱えていて、故郷の食べ物が食べたいという人がいます。そんな人から着払いで送ってくださいって言われます。口コミで広がって、とても喜ばれています。

夫は応援しないし、手伝わないけれど、なにも言いません。家のことをちゃんとすれば何も言わないよと言われています。娘のことはお願いできるけれど、ここのお店のことや、フィリピン人のことはこちらからも夫に話しません。これは私の仕事、私の世界だからそれでいいと思っています。

幸せとは納得すること

日本で暮らす外国人に私が役立てることは、言葉に関しては私がわかっている範囲で、どこの国の人でも助けたいなと思っています。私はよく、幸せについて考えます。自分は幸せだと思うかもしれないし、幸せが足りないと思うかもしれない。幸せってどこまでつかめるのかわからない、自分がもらった幸せに満足しないときもある。私がこの小さなお店を開いたとき、だれかの役に立てたら幸せだと思っていました。でも実際にコミュニティができると、いろんな人が入ってくると、もっと欲しいと思うようになりました。そのうちレストランにしたい、テーブルを置きたいなど、次々と考えたんです。

例えば私が2万円欲しいと思ったとき、2万円が手に入ってしまうと、もっと欲しい、じゃあ20万円もらったときに、20万円じゃ足りない、と思ってしまう。じゃあどこまでいけば満足するんでしょうか。私は、幸せとは納得すること、いまあるもので納得することと思っています。夢を叶えることも、夢を捕まえるところまでで納得する。もっともっととなると、なかなか幸せにはなれない。幸せとは納得することだということを人に伝えたい。

もうひとつ大事なのは「生きてるだけで丸儲け」。これは明石家さんまさんがテレビで言っていた言葉ですが、地震のときに私は、これを乗り越えられたらなにもいらない、生きているだけでいい、そう思ったのです。息ができるだけで、それだけでいい。話をする、歩いている、ハーイって手を振る、それが当たり前だとみんな思っているかもしれませんが、話ができない、歩けない、手を振ることもできない人もいます。だからそこで生きているだけで丸儲け。あなたがここで生きている、そのことが大切だよということを伝えたくて、この仕事（先生の仕事）を選んだんです。

結婚して日本に来て、自分のしたかったことがすべてできていると思ったとき、もう一つ昔からやりたいと思っていたことを始めることにしました。それがフィリピンのストリートチルドレンの支援でした。靴も履かず、服も汚れてボロボロの小さな子どもたちがフィリピンの街にはうろうろしています。最初は、娘の着なくなった服とカップヌードルや缶詰をたくさん買って箱に詰めて、クリスマスに間に合うように送りました。妹に頼んで近くのストリートチルドレンに配ってもらうんです。何人かのストリートチルドレンを公園に呼んで、「お菓子などを配るから公園に何時に来て」と約束すると、たくさん来るそうです。お金を妹に託して、ジョリビー(Jollibee)というフィリピンの有名なファストフードショップでハンバーガーを100個ぐらい買ってもらって配ることもあります。12月はクリスマスだから、この日だけでも子どもたちに幸せな気持ちになってほしい。フィリピンのクリスマスはとても楽しい月ですから。ただ、この活動も無理はしません。一緒にやりたいと言ってくれる人が多いので、最近はフィリピンへ送る量も増えてきましたが、積極的に周囲に協力を求めたり、物品を募ったりはしていません。細く長く、プレッシャーのない状況で続けたいのです。

私のこれからの夢、というか、いつか手掛けたいと思っていることがあります。今フィリピンから日本に来たい人たちがたくさんいて、技能実習生が大勢来ています。できたら大変な実習生たちを助けたい。ここを会社にして、彼らを日本の仕事につなげる仕事ができれば。でもそれは遠い将来に、という感じです。

インタビュー日

サンパギータ1　リザさん／2021年12月8日、2022年6月3日

サンパギータ2　マユミさん／2020年12月4日、12月11日、2021年10月15日

サンパギータ3　けいちゃん／2020年9月3日、10月18日

サンパギータ4　コラゾンさん／2022年12月12日、2023年1月6日

サンパギータ5　愛さん／2022年4月11日、4月26日、5月10日

奈良 雅美（なら・まさみ）

特定非営利活動法人アジア女性自立プロジェクト代表理事。関西学院大学他で非常勤講師。ときどきジャズシンガー。

小学生のころから「女の子／男の子らしさ」の社会的規範に違和感があり、先生や周りの大人に反発してきた。10代半ばのころ、男女雇用機会均等法が成立するなど、女性の人権問題について社会的に議論されるようになっていたが、自身としてはフェミニズムやジェンダー問題については敢えて顔を背けていた。高校時代に国際協力に関心をもち国際関係論の勉強を始め、神戸大学大学院で、環境、文化、人権の問題に取り組む中で、再びジェンダーについて考えるようになった。

大学院修了後、2004年より特定非営利活動法人アジア女性自立プロジェクトの活動に参加。途上国の女性の就業支援、日本国内の外国人女性支援などに取り組む中で、日本に住むフィリピン女性たちに出会う。社会一般の彼女たちに対する一様なイメージと違い、日々の生活の中で悩んだり喜んだりと、それぞれ多様な「ライフ」を生きていると感じ、彼女たちの語りを聴き、残したいと思うようになる。移住女性や途上国の女性の人権の問題について、より多くの人に知ってほしいと考え、現在、ジェンダー問題、外国人や女性の人権などをテーマに各地で講演も行っている。

そうしてサンパギータは神戸《こうべ》にいる

2025年1月17日　初版第1刷発行

著　者　奈良《なら》 雅美《まさみ》
発行人　浦谷さおり
発行所　株式会社 金木犀舎
〒670-0901
兵庫県姫路市西二階町120番地 西松屋きものビル6階
TEL 079-229-3457 ／ FAX 079-229-3458
https://kinmokuseibooks.com/

印刷・製本　シナノ書籍印刷株式会社

ISBN 978-4-909095-58-9　C0095